調べる・発表する 伝え方教室

大重史朗
Oshige Fumio

旬報社

はじめに

みなさんは宿題にとり組んだり、レポートを作成する際に、どのように情報を集めたり調べたりしますか。図書館にはたくさんの書籍が並んでいますし、インターネットでも検索エンジンを用いてキーワードを入力すれば、それに関連する文章やさまざまなデータにアクセスすることができます。

しかし、このように「検索」した内容をそのままレポートとして提出しても大丈夫なのでしょうか。インターネットに流れている情報は、公共機関や企業、あるいはその分野の専門家（大学教授や研究者など）が名前を出したうえで責任をもって発信しているものが少なくありません。しかし一方で、正しいかどうかの裏づけもとらずに、「思いついたこと」や「自分の感想」を匿名（ニックネームやペンネームなど）で発信している情報（たとえば、個人のブログなど）も少なくありません。これだけあふれる情報の中から、みなさんに必要な情報を集めるにはどのようにしたらよいのか、途方に暮れることもあると思います。それでもみなさんにとっては、出された課題を少しでも質の高いものにして仕あげて提出する必要があります。そうした際のナビゲーター（指南役）のような書物をつくれないだろうか。たんに「こうすべきだ」といったマニュアル的なものから一歩踏みこんで、本書を読んだだけで何か調べたくなる、勉強を深めたくなるようなアドバイスができないだろうか。そのような視点から、この本はできあがりました。

内容は、私がプロの新聞記者としての長年の経験をもとに、みなさんが自分の課題にとり組む際に、どのように的確に情報を収集し、それを文章としてまとめていくかをわかりやすく説明することを心がけました。対象は中学生や高校生が理解できることを第一としましたが、入学したばかりの大学生や専門学校、専修学校の学生の皆さんにも大いに活用していただけるよう留意して執筆しました。

第1章では、取材の「プロ」とされる新聞記者が、インタビューやメモのとり方はどのようにしているのかをまず説明しました。そして、新聞の構成はどのようになっているのか、どこをどのように読めばいいのかをくわしく説明しました。

第2章では、情報が氾濫しているインターネットから正確な「事実」をつかむのにはどうしたらよいのか、インターネットそのものや、検索・情報サイトをどのように利用するか、その際、どのような意識をもって接するのがよいのかについて解説しました。

第3章では、「調べもの」をする際に、みなさんの基本動作としてなくてはならない図書館の利用法について解説を加えました。図書館を上手に利用できる人とそうでない人とでは、情報の収集能力に大きな差があります。学校や町の図書館の本がどのように並べられているのかを知ったり、町の歴史をひも解くための機能も備えていることを理解したりするだけでも、図書館がより身近なものになるはずです。そうした視点から図書館の利用方法について解説してあります。

第4章では、作文や小論文、レポートの論理的な書き方を中心に解説してあります。学校でレポートの課題が出ると、どうしても締め切り日や原稿の分量がまず心配になり、「とにかく文字を埋める」ことで精一杯になってしまう人が少なくないのではないでしょうか。ここでは小論文やレポートの基本構成を学び、たんに提出の締め切り日に間に合わせるだけでなく、読み手に最後まで興味をもってもらえる、わかりやすい文章を書くにはどうしたらよいのかを説明しています。

第5章では、課題の成果をクラスメートの前で上手に発表するポイントを解説しています。決められた時間内でとにかく話せばよいというものではなく、聞いている人に心から納得してもらえる発表はどうすればできるのでしょうか。みなさんといっしょに考えてみたいと思います。

この本は、第1章から順番に読んでもらっても、必要な項目だけ読んでもらっても十分に役に立つと思います。この本の利用のしかた自体が、みなさんの「調べもの」をする動作がどれだけできるかの練習になるはずです。上手に「調べもの」をする能力、人に伝える技術を身につけたりすることは、社会人になってもかならず役に立つはずです。この本が今後のみなさんの学習生活に大いに役に立つことを願っています。

目次

第2章 「ニュースはヤフージャパンを見れば十分」といえるか

第3章　図書館を利用しよう

第4章　小論文・レポートの書き方

第5章　クラスメートの前で発表するコツ

第1章

プロの記者は
どうやって
メモをとっているのだろう

1 新聞記事のつくられ方

みなさんは毎日、新聞を読んでいますか。どんなページを、どのくらいの時間をかけて読んでいますか。

新聞を広げると日々のニュースがいくつも掲載《けいさい》されているのがわかります。掲載《けいさい》されるページや位置によって、どのニュースがその日の重要な出来事なのか、あるいは、どのようなジャンルのニュースなのかがわかるしくみになっています。

たとえば、題字（新聞のタイトル）が載《の》っている一面（新聞ではページのことを「面」とよびます）は、その日のニュースの中から新聞社が独自に選んだ「一押《お》し」のニュースを三本程度載《の》せています。右上の記事がその日のトップニュースで、政治や経済、社会、外交・国際問題が比較的《ひかくてき》多く、中でもその新聞社だけが独自に調査し、情報を入手したスクープ記事、いわゆる「特だね」といわれる記事が大きくとり上げ

〔一面〕

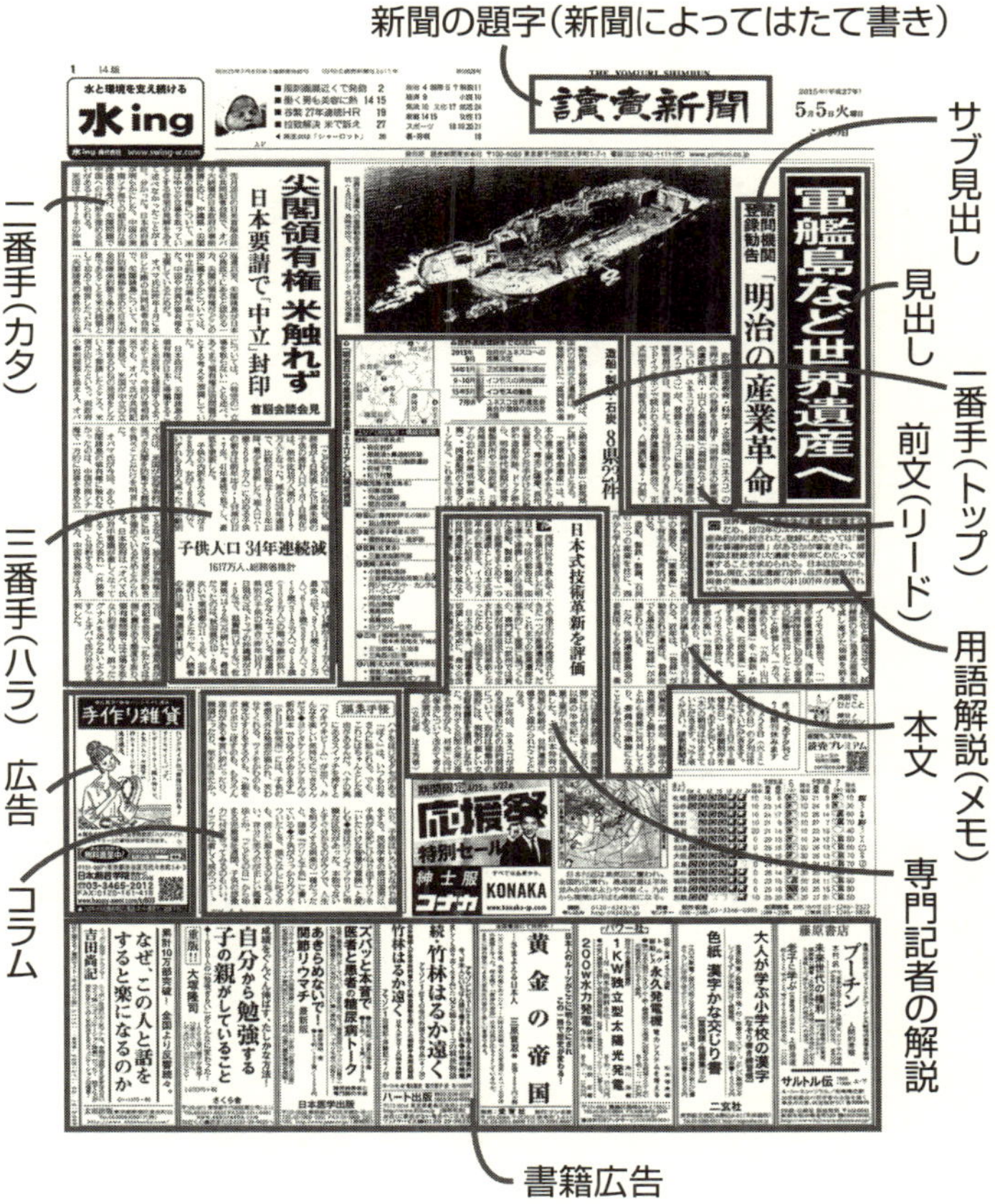
新聞の題字（新聞によってはたて書き）
サブ見出し
見出し
一番手（トップ）
前文（リード）
用語解説（メモ）
本文
専門記者の解説
書籍広告
二番手（カタ）
三番手（ハラ）
広告
コラム
讀賣新聞
軍艦島など世界遺産へ
諮問機関 登録勧告
「明治の産業革命」
尖閣領有権 米触れず
日本要請で「中立」封印
子供人口 34年連続減
日本式技術革新を評価

られていることが少なくありません。

また、二番目に重要なニュースは左上に、そして三番目手は紙面の中央に載《の》っていて、それぞれ、その面の①トップ、②カタ（肩《かた》）、③腹……などとよぶことが多いです。三番手は、たとえば、プロ野球で日本一になったチームや大相撲《おおずもう》の横綱《よこづな》が決まったときの優勝シーンや、季節の話題（クリスマスやお盆《ぼん》の帰省ラッシュ、花見など）で写真が大きく載《の》る場合が少なくありません。

そして、二面以降は国内の政治ニュースをはじめ、国際ニュースや文化・スポーツの順になっているのが普通《ふつう》です。みなさんの中には一面を見たあと、いきなり新聞を裏側にひっくり返して、最終面に載《の》っているテレビの番組表をチェックする人がいませんか。その最終面をめくると、事件や事故・災害のほか、社会問題などを扱《あつか》った社会面が掲載《けいさい》されています。普通《ふつう》は左側を「第一社会面」、右側を「第二社会面」とよびます。

とくに第一社会面の右上が、その日の社会ニュースの中で一番重要な「社会面トップ」記事とされ、残りは一面と同じ左上が二番手として重要な記事になっています。

ただ、一面で大きくとり上げられたニュースを社会面でさらにくわしく解説することがあります。そうした場合もその記事は社会面のトップ記事として扱《あつか》われることが多く、トップ記事はさらに右側のページにまではみ出して、大ぶりにつくられることがあります。これを左右のページにまたがって構成しているので、「一社（第一社会面）と二社（第二社会面）の見開き」記事とよぶことがあります。

大きなニュースがある場合は、一面でそのニュースのポイントが端的《たんてき》に示されます（「頭出し」とよぶことがあります）。そして、そのニュースに関連した人びとや地域、団体の様子、それに、ニュース全体を見回して深く掘《ほ》り下《さ》げた専門記者の解説文などが社会面に掲載《けいさい》されることがあります。もちろん写真も掲載《けいさい》され、そのニュースが起きた現場の様子や人びとの表情が写し出されます。事件や災害などの場合は、その現場付近に住む人や専門家の意見、事件当事者の人となりなどが取材され、紹介《しょうかい》されることがあります。正月や夏休みのシーズンになると、その新聞社が力を入れて伝えたい社会問題などがとり上げられ、連載《れんさい》や特集として掲載《けいさい》されることもあります。

〔第二社会面〕（見開き右側のページ）

事件・事故・災害などの続報

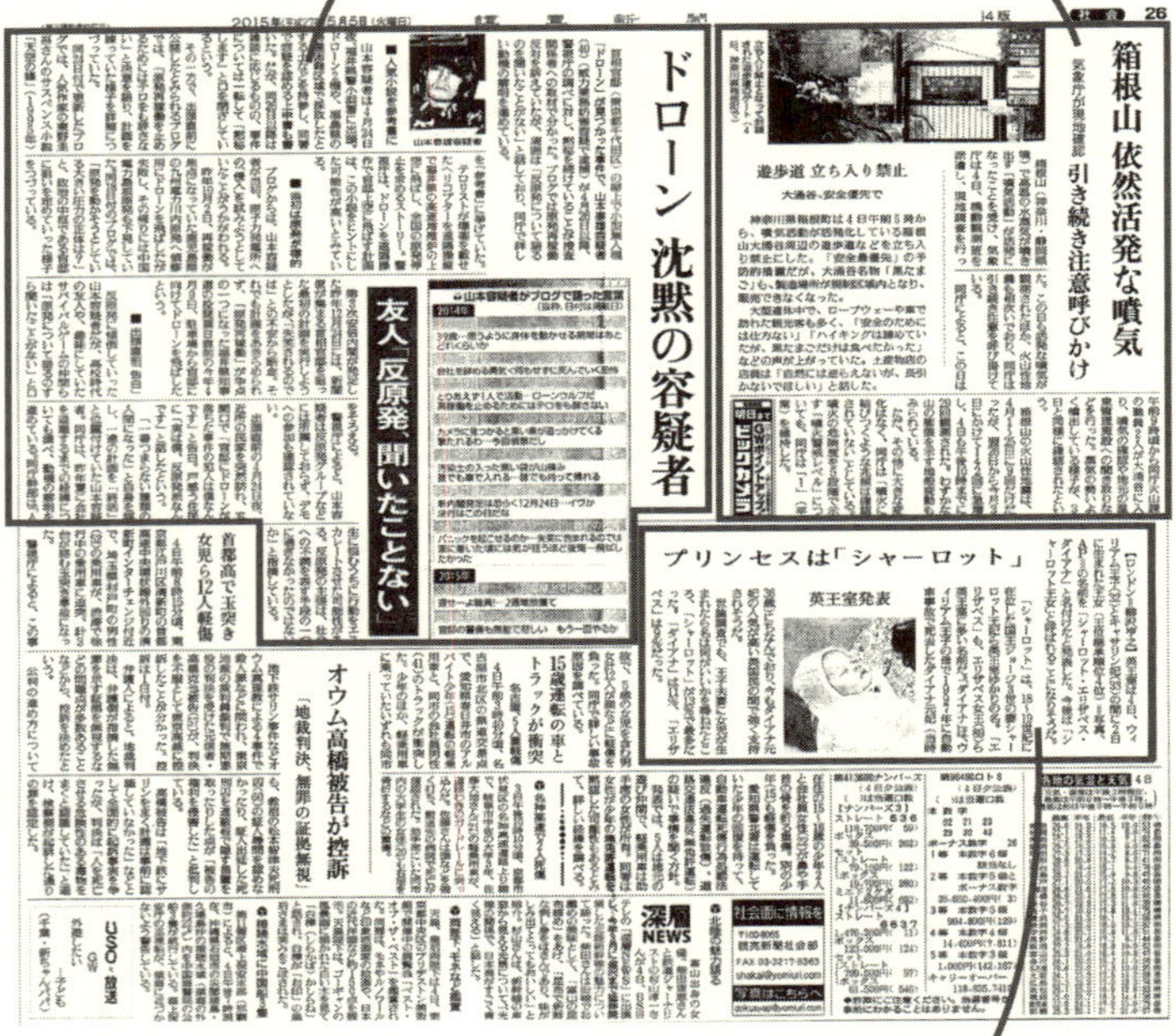
2015年(平成27年)5月5日(火曜日)　読売新聞　14版　社会　26

箱根山 依然活発な噴気
気象庁が現地調査 引き続き注意呼びかけ

遊歩道 立ち入り禁止
大涌谷、安全優先で

ドローン 沈黙の容疑者

友人「反原発、聞いたことない」

プリンセスは「シャーロット」
英王室発表

首都高で玉突き 女児ら12人軽傷

15歳運転の車とトラックが衝突

オウム高橋被告が控訴
「地裁判決、無罪の証拠無視」

深層NEWS

話題もの

年から高学年がつながる
の新シリーズ!

か」を見てみよう!
道府県がよくわかる　全5巻

ちが「地図ってわかりにくい」「地理ってむずかしい」とならないための
イデアがいっぱい。地図のプロが、こどもたちのためにつくった全5巻。
校の周り、社会や地域のくらし、日本各地のことを、もっともっと知りた
す。地図の書きかた&見かたから、キーワードでおぼえる47都道府県、
&防災マップのつくり方まで、段階をふみながら子どもたちの興味関
出します。

- はじめての地理・地図学習にぴったりの内容・巻構成。
- 豊富なイラスト&写真、わかりやすい解説で理解がすすみます。
- キーワードで楽しみながら47都道府県の特徴が覚えられます。
- 交通安全・防災マップの見方やつくり方もよくわかります。

加藤哲三（元・神奈川県教育委員会指導主事）
小林みゆき（前・横浜市立矢上小学校校長）
作】　株式会社 地理情報開発

オールカラー
ふりがな付き

ト定価（本体12,500円+税）／各巻定価（本体2,500円+税）
製／各巻平均38頁

〔第一社会面〕（見開き左側のページ）

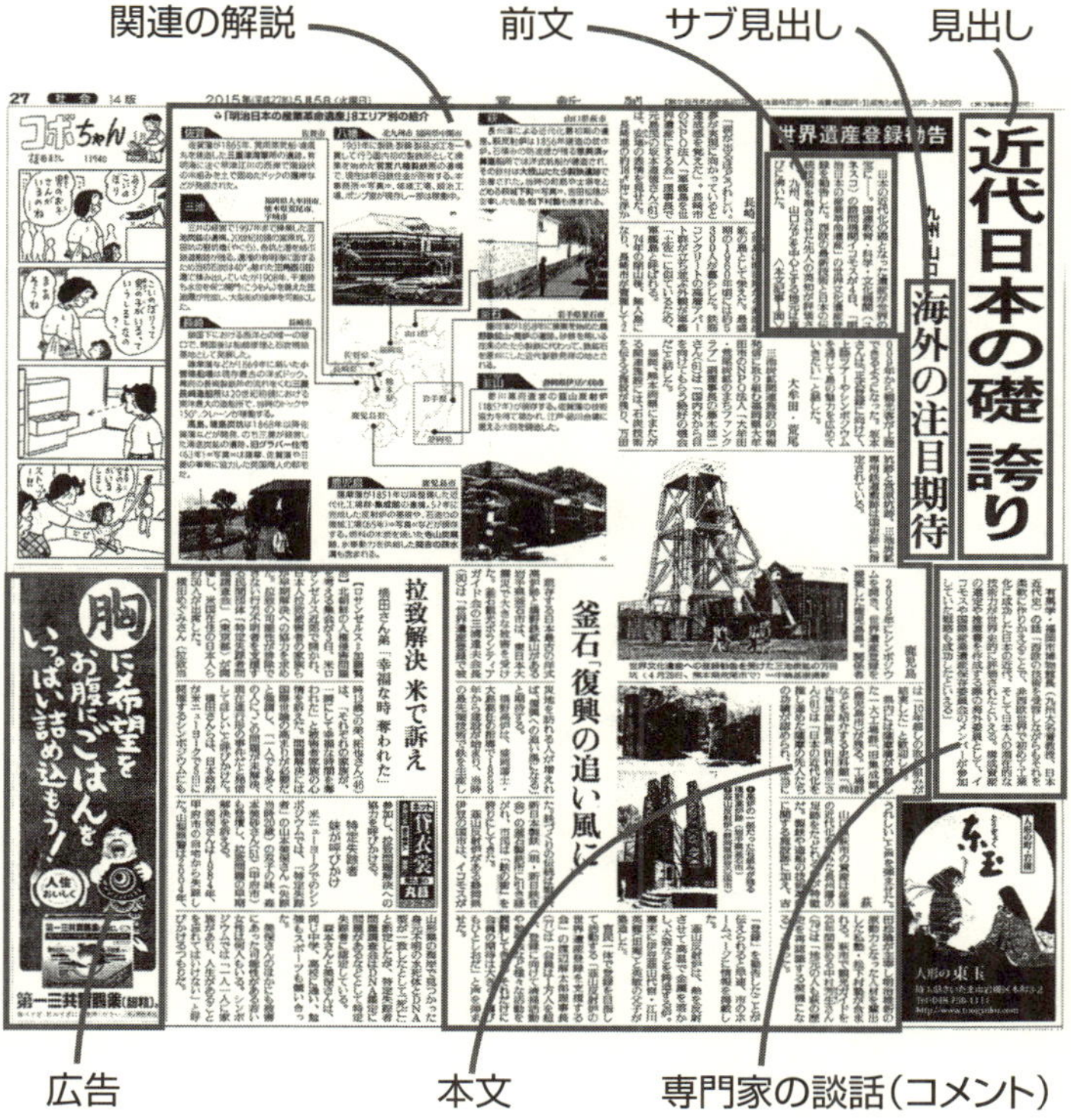

《一面トップ記事の社会面受け記事》

社会面からもう少しページを前に戻《もど》してみましょう。全国紙の場合、その新聞が発行されている地域の話題を載《の》せたページが出てきます。これを「県版」とか「地方版」、「地域面」とよんでいます。地方版は主に地方支局の記者たちが地元に密着して、警察や裁判所、県庁、市役所などにある報道関係者の取材拠点《きょてん》である「記者クラブ」に常駐《じょうちゅう》しながら、地元で課題になっている政治や経済、事件のほか、文化やスポーツ、その他、その町で専門分野を活かしながら活躍《かつやく》したり、人びとのために活動している人の話題などを紹介《しょうかい》したりします。

よく、一学期の終わりから夏休みが始まる七月下旬《げじゅん》ごろまで、この地域のページはあるスポーツの話題で紙面がいっぱいになりますが、みなさんにはそれが何の競技かわかりますか。そう、高校野球です。八月から甲子園《こうしえん》で熱戦がくり広げられる全国大会に向けて、各都道府県のほとんどの公式球場を使用して地方予選が戦われます。強豪《きょうごう》校といわれ、将来のプロ野球選手を輩出《はいしゅつ》するようなチームもあれば、狭《せま》い校庭や少ない予算などのかぎられた条件のもとで勝ち上がってきた公立校のチームもあります。それに最近では子どもの数が全国的に少なくなり、一つの学校ではチームが成立しないため、複数の学校が集まった連合チームとして参加する学校など、出場する条件はさまざまです。

そして、日ごろの練習成果が実を結ぶチームもあれば、ほんの一点差で優勝を逃《のが》して選手がみな涙《なみだ》を流す試合など、球場でくり広げられる高校球児たちの汗《あせ》と涙《なみだ》のドラマは、青春の象徴《しょうちょう》ともいえるでしょう。新聞ではこうした高校球児たちの熱いドラマを、試合結果から出場する球児のヒーローインタビューや出場を果たすまでの苦労話、あるいはスタンドでくり広げられる応援《おうえん》団や吹奏楽《すいそうがく》部の応援《おうえん》合戦の記事で紹介していきます。

そのほか、中ほどのページに行くと、最近、出版されて注目されている本の紹介《しょうかい》をする「書評欄《らん》」のほか、高齢《こうれい》化が進み健康管理や病気の予防のことが心配な人が増えている現状から、健康や病気をはじめとする科学の情報を、医師などの専門家へのインタビューなどとともに伝える「科学・医療《いりょう》」のページがあります。

また、部活動で優秀《ゆうしゅう》な成績を収めている学校の話題やユニークな教え方をしている先生の紹介《しょうかい》、保護者のみなさんの相談コーナーなどを載《の》せた「教育」のページ、日々移り変わり私たちの生活を左右する経済／消費者の問題や働く人たちが抱《かか》える雇《こ》用《よう》問題をとり上げた「経済」のページ、さらには世界各地で起きている政治や経済などの話題をとり上げ、グローバル社会で生きる人たちには欠かすことのできない情報をとり上げた「国際」のページがあります。

そして、中ほどにたどり着くと「社説」という解説のページがあります。新聞記事というのは大きく分けて「事実（ニュース）」を端的《たんてき》に伝える側面と、ニュースを深掘《ぼ》りして解説したり、ニュースに対してその新聞社の意見を述べたりする「主張」の側面があります。後者の代表的なものが「社説」といわれるページです。社説は政治や経済、社会、文化やスポーツなどの分野を対象に、おおよそ一週間以内に起きた「旬《しゅん》な」ニュースをピックアップし、新聞社の見解を述べたものです。前述した政治や経済のニュース欄《らん》が世の中の「出来事」や「事実」を速報するのに対し、ここでは論説委員などそのジャンルの専門記者が自分の名前を出して解説をしたり、匿名《とくめい》で新聞社の見解を論述したりします。そのため、社説はみなさんが授業中によく書く「小論文」のスタイルにとくに似ているといえます。

小論文のような論述形式の文章を学びたいけれども、新聞を読む時間をなかなかつくれないという人は、この社説を読むだけでも、その時期に問題になっているニュースは何か、それについて世の中の意見はどのようなものがあるのかを知ることができますし、また、自分の意見をまとめる作業を学ぶ際にもとても参考になるはずです。

また、社説のような解説欄《らん》に近いページとして、読者からの投書欄《らん》があります。別《べっ》項《こう》で述べますが、読者からの投書は新聞をつくるうえでなくてはならない存在です。なぜなら、その新聞社に勤める記者が一方的に情報や意見を伝えるだけでなく、政治や経済などの主要なニュースに対する読者の反響《はんきょう》を載《の》せることで、双方向《そうほうこう》型の紙面をつくることができるからです。

② 新聞記事の構成は「重要なことは先にいってしまう」のが原則

新聞の記事を見るといろいろなレイアウトで掲載《けいさい》されているのがわかります。前述した社説欄《らん》は基本的には序論、本論、結論といった小論文スタイルですが、たいていの記事はこれとは対照的に、「見出し」や「前文（リードともよびます）」、そして「本文」に「写真」など、いろいろな要素が詰《つ》まっています。

「見出し」は、その記事全体が把握《はあく》できるよう「一番伝えたいことは何か」というメッセージを込《こ》めて書かれています。そして、トップニュースのような重要な話題になると「見出し」の次に本文の大まかな要旨《ようし》を数行でまとめた「前文（リード）」がまとめられていることが多いです。

そして本文ですが、これは大事な情報ほど、文の最初に来るように構成されています。これは、万が一、締《し》め切《き》り時間直前になって大事件が発生して紙面全体を組み直さなければならないような場合、編集者が文章の最初から最後までをもう一度くわしく読み直して、「どこを削《けず》ろうか」と吟味《ぎんみ》し直している余裕《よゆう》がないので、文章の一番後ろの段落から優先的にカットできるようなとり決めになっているのです。もちろん例外はありますし、文章全体を最終的に整える作業はもちろん行われます。それでも文の冒頭に行けば行くほど大事なことが書いてあるのが、新聞記事なのです。

また、それに添《そ》えられている写真は、そのニュースを象徴《しょうちょう》する一枚が使われることが多いです。そして写真には「キャプション」とよばれる説明書きがつけられます。このほか、大きなニュースになると、ニュース全体を把握《はあく》するための図表のほか、専門記者や現地の記者の解説記事がつけられることもあります。

さらに最近では、新聞記事もインターネットを通して読めるようになったため、二四時間、内容が更新《こうしん》されているのが普通《ふつう》です。しかし、紙に印刷してあるこれまでの新聞は、取材してすぐにでき上がるわけではありません。前述したように、政治や経済、社会、文化などいろいろなジャンルに分けられ、さらに、どれだけの大きさ、構成で掲載《けいさい》するのか、編集作業が必要になります。

また、日本の地方によっては印刷工場からトラックで現地まで輸送する必要があるので、遠い地域に運ぶ新聞については、早めに印刷を切り上げて輸送ルートに乗せなければなりません。そうしたことから新聞社ではそれぞれ配達の地域によって「早《はや》版《ばん》」とか「遅版《おそばん》」といって締《し》め切《き》り時間をずらして制作しています。ですから同じ日の同じ新聞でも、締《し》め切《き》り時間のちがいにより、内容が少し異なっていることが普通《ふつう》です。また、地域によっても地元周辺の話題をよりくわしく伝えるため、記事のレイアウトを変更《へんこう》することも少なくないのです。

3 記者の基本は「インタビュー」

みなさんは新聞やテレビの記者がどのような仕事をしているか知っていますか。テレビなどを見ていると、国会や事件が発生した現場からレポートしたり、有名人にインタビューしたりしている記者の姿を見たことがあると思います。好きなタレントやスポーツ選手にインタビューできる部署の人もいれば、中には、内紛《ないふん》や戦闘《せんとう》状態にある国や地域の現場から命がけでニュースを報告してくる記者もいます。

国会や事件現場、戦闘《せんとう》地域などからの報告は、記者自身が見たことや聞いたことを記事にしています。ただし、その記事をつくるまでに記者は、過去のデータや新聞記事を調べ、その当事者に現状がどうなっているのかをインタビューをしてメモをとり、それをもとに読者や視聴《しちょう》者にわかりやすいようにまとめて報告しているのです。このインタビューを「取材」といいます。

取材は、国会や国政の動きであれば、政治家や財務省、外務省、文部科学省などといった中央省庁の担当職員などに、法律や制度、現状分析《ぶんせき》の結果やその担当者の見通しなどを聞きます。そして、記者がさらに別の専門家などに対して行ったそれまでのインタビュー結果などをふまえ、情勢を分析《ぶんせき》しながら、自分の言葉でまとめて原稿にしています。

あるいは、事件現場であれば警察など捜査《そうさ》関係者には捜査《そうさ》の進展具合がどうなっているのか、また、事件の被害《ひがい》にあった人やその家族であれば、どれだけ被害《ひがい》に遭《あ》ったのかを取材します。場合によっては、大事な家族や友だちを亡くした無念な気持ちを語ってもらうケースもあります。

文化や芸能、スポーツの担当記者であれば、新たな作品を生み出した芸術家や、新記録をつくったアスリートへの功績をたたえるため、彼ら／彼女らがどのような努力したのか、その際どんな苦労があったのかなどを取材します。社会に対してよい功績をして、自分が注目されるような、その人にとってもうれしかった話や楽しい話であれば、有名人など当事者の人たちは自分からどんどん話してくれることが多いのが普《ふ》通《つう》です。

しかし、スポーツなどの記録が伸《の》びなかったり、試合に負けたりして残念だった話を聞く場合、なかなか思っていることを話してくれない場合があります。政治家や捜《そう》査《さ》関係者などの場合でも、その後の国政に関わる重要な案件だったり、悪いことをした人が逃《に》げるきっかけを与《あた》える可能性が高いと予測されたりする場合は、なおさらすぐには答えてくれないことも少なくありません。

みなさんの中には「話したくない人から無理に聞き出すのか」とか、「話したくないならそっとしておいてあげればいいのに」と考える人もいるかもしれません。たしかに、事件や事故の被害《ひがい》に遭《あ》ったりした場合、その人の気持ちの整理がつかず、インタビューをすることでいっそう不安になってしまうことから、そっとしておいてあげなければならない場合もあります。

しかし、インタビューする相手が政治家や捜査《そうさ》関係者などの場合は、今後の国のあり方に関わる問題だったり、同じような事件が二度とくり返されないために、ぜひとも私たち一般《いっぱん》の国民にどんな事件なのかを知らせる必要がある問題だったりします。そういった情報を握《にぎ》っている立場の人に対してこそ、記者の仕事の原点である取材活動がとても必要になってきます。

これはたんに「興味本位で」「無理に聞き出している」のではなく、公的な立場にいる人から情報を公開してもらうということが「公共（国民）の利益」につながるという前提に立っています。さらに、国民にはそういった利益になる情報を公的な立場の人から公表される「知る権利」というのが保障されているのです。

それでも「話したくない」という態度をとっている人から、どうにかして情報を聞き出すことが記者には求められます。それが取材の「コツ」になります。たしかに人によっては立場上「いえること」と「いえないこと」というのがありますし、人に対して話すのが苦手だという人もいるでしょう。だからこそ、聞く側もいきなり単刀直入に聞くのではなく、工夫や相手への心配りが必要になってくるのです。

たとえば、犯人がなかなかつかまらない難解な事件を手がけている刑事《けいじ》さんに取材をしたことがあります。刑事《けいじ》さんには捜査《そうさ》情報を漏《も》らしてはならない、という仕事上の決まりがあります。それでも、せめて「犯人がどういった人物なのか知りたい」「読者の人に一刻も早く知らせたい」というのが記者としての立場です。そういったときに刑事《けいじ》さんに「犯人が誰なのか見当はついているのですか」と面と向かって聞いても教えてくれないことが多いです。当然、刑事《けいじ》さんの立場もあるからです。

そこで、日ごろの「つき合い」がとても大事になってきます。記者は若いうちから担当区域の警察署を回って、広報担当の警察幹部（普《ふ》通《つう》は警察署の副署長が対応しています）に何度も会って、雑談などをしながら、その人の性格やもののいい方などをくみとっていくという地道な作業をくり返します。

みなさんの家庭でも、いきなり自宅を訪ねてくる初対面の営業担当者から新商品を買うように進められても、「初めて会う人が、どこまで信用できるのかな」と警戒《けいかい》することがあるかと思います。みなさんが知りたいことを教えてくれる人も、同じような気持ちになるはずです。何よりも時間をつみあげて築き上げるコミュニケーション力が大事になるのです。記者もこのコミュニケーション力を発揮できるよう、若いころから仕事の現場で鍛えられていきます。

ある警察署にコーヒーが何よりも好きな刑事《けいじ》さんがいました。刑事《けいじ》課の部屋で、休憩《きゅうけい》時間に「知人からの土産でもらった」という国内では手に入りにくいコーヒー豆を挽いて飲ませてくれたことがあります。コーヒーの産地のことや、地元ではどこの喫茶店《きっさてん》でめずらしいコーヒーを飲むことができるかといったことなど、いろいろ教えてくれるほどコーヒーについて物知りの人でした。

それからしばらくしてその警察署の管内で事件が起こりました。それから数日すると署内がいつもよりもざわついて警察官たちがあわただしく動いているので、何か事件があったのか署の幹部に聞いてみても何も教えてくれません。するとトイレに行くために部屋から出てきた、さきほどのコーヒー好きの刑事《けいじ》さんをみつけたので、「この間の事件で動きがあったのですか」と聞いてみました。「わからん。忙《いそが》しいからまたあとにして」といわれました。そこで「明日からまた、ゆっくりコーヒーが飲めますね」と聞くと一瞬《いっしゅん》、笑顔を浮《う》かべて「そうだね」とうなずいてくれました。それだけの動作で私は事件の犯人がもうすぐ捕《つか》まることを悟《さと》り、急いで上司のデスクに電話を入れました。

案の定、それから一時間ほどして、犯人が逮捕《たいほ》され、事件が解決したので記者会見を開く、という連絡《れんらく》が警察本部から報道機関に入りました。あのとき、「捜査《そうさ》の進み具合はどうですか」と聞いても何も教えてもらえませんでした。そして「早く出て行くように」といわれるままに、その場を立ち去っていたら、何も状況《じょうきょう》がわからないどころか、記者会見が開かれることすらわからなかったかもしれません。このような警察官との会話についての例は特殊《とくしゅ》かもしれませんが、相手の性格を少しでも理解して、相手が話しやすい環境《かんきょう》をつくる工夫をすることが、取材活動でとても大事であることを知りました。

これは仮に相手が話したい内容の話だったとしても、相手が話しやすい環境《かんきょう》をみずからつくっていく心配りが大事になります。

4 何を聞くか、ポイントをメモしてから出かけよう

これまでは、なかなか話したがらない相手に、大事だと思うことを話してもらうためのポイントを示してきました。捜査《そうさ》関係者に取材をするときなどは、前述したように、たった一つのことを確認するためだけに、取材記者は会話の内容や話を切り出すタイミングに気をつかいながら、コミュニケーションを取ることを意識しています。

このような捜査《そうさ》関係者のような人から話を聞く機会のある人は、みなさんの中には少ないかもしれません。逆に、公園や街路樹周辺のごみをボランティア活動で集めたり、

長年、絵画や彫刻《ちょうこく》、生け花などの芸術分野で実力を発揮したりして、住んでいる地元の町で展覧会を開いて注目を浴びるような、よいことをしている人に話を聞く機会が多いかもしれません。

このような人の中には、自分の経験をぜひ、地域の人たちや自分の子どもたちの世代にも知ってほしいと考えている人が多いので、前述した捜査《そうさ》関係者とは対照的に、いろいろな話を語ってくれることと思います。しかし、じつはいろいろな話をしてくれる、つまり、たくさんの情報を与《あた》えてくれる人にこそ、注意が必要です。みなさんに好意的に情報を提供してくれそうな人に会うときは、「何を聞きたいのか」をあらかじめ考えて、整理をしてから行かないと、みなさんが「結局、何を聞きに来たのだろう」と頭の中で整理がつかなくなるだけでなく、せっかく話す機会をつくってくれた相手にだんだん不安な思いを抱《いだ》かせることになり、かえって失礼な結果になりかねません。そうなっては、いくら長い時間、話を聞く時間があっても信頼《しんらい》関係は成り立たず、聞く内容も残念な取材結果となってしまいます。

それでは実際、町で活躍《かつやく》している人に、どんなかたちで話を聞きに行けばいいでしょうか。たとえば、私はある町に新聞記者として赴任《ふにん》していた際、こんな人に「街だね」（街で活躍している人や話題になっていることがらを写真つきで短かく紹介する記事）取材を行ったことがあります。その人は六〇歳《さい》代の男性で、もともと地元の市役所に、長年勤務していた人でした。学生時代に美術部に所属して絵画を描《か》いていた経験があり、社会人になっても油絵を中心に絵を描《か》きつづけていたそうです。その人がいよいよ長年の勤務を終え定年退職をするのをきっかけに、自宅の空いていた部屋をリフォームして、自分が絵を描《か》きつづけることに専念できるアトリエを完成させました。庭には四季折々の草花が咲《さ》き乱《みだ》れるため、この男性の絵の題材は主に植物でした。近くの山に登ったときは、山野草をカメラで撮影《さつえい》してきて、その写真をもとに絵を描《か》くのだそうです。自分が描《か》いた絵や写真は公民館で開かれる市民コンクールに応募《おうぼ》し、たくさんの賞をとっているこの男性は「植物を描《か》くときは、その花を見つづけながら、まるで人間に接しているように心の中で対話をしているように感じる。そんな絵を描《か》いているときが人生で一番楽しい。いつかは小さな会場でいいので、個展を開きたい」と話してくれました。

この人に取材をするときは、〈市役所時代にはどのような仕事をしていたのか〉、とか、〈そもそもどうして絵を描《か》くことに興味をもったのか〉、〈尊敬する画家はだれか〉、〈絵を描《か》く対象は何か（風景・人物・植物など）〉、〈あなたにとって絵を描《か》く意味は何か〉、〈今後の目標は何か〉など最低でも聞かなければならないことがあるはずです。そういった聞きたい項目《こうもく》を前もってメモにしていくと、とても会話がスムーズに進みます。もちろん、取材をする場合は人間どうしのコミュニケーションが大事になりますから、予定していた質問とは別のことも聞かなければならなくなるかもしれないですし、相手の側から予想外の話をしてくれることもあります。メモに用意していなかった話の展開になったとしても、落ちついてメモをとりながら、最低でも「これだけは聞いておかなければいけない」ことは何かを忘れずに話を聞くようにしましょう。

また、インタビューは時間がかぎられていることを考えておく必要があります。最初から時間が決められていなくても、「街だね」のように、一般《いっぱん》の人に話を聞きに行く場合などは、取材が長くなればなるほど相手に失礼になります。そうならないためにも聞きたい項目《こうもく》をメモにしておくことが大事になるのですが、インタビューの時間は長くても四〇分から五〇分程度とみておくのがよいでしょう。政治家や行政担当者、あるいは有名人などが記者会見を開く場合でも、やはり長くても一時間で会見が終了《しゅうりょう》するのが普通《ふつう》です。

また、高校野球の地方予選やプロ野球中継《ちゅうけい》の際、試合で活躍《かつやく》した選手やチームを率いた監督《かんとく》のまわりに記者が集まり、立ち話で話を聞いている光景をテレビなどで見たことがあると思います。忙《いそが》しい日々を送っている人であればそれだけ、取材の本番では話を聞く時間がかぎられます。ましてスポーツの会場などでは聞くべきことを絞《しぼ》ったうえでインタビューしないと、取材途中で次の試合が始まったり、すでに試合を終えた選手たちは次々と球場を出て宿舎などに帰ってしまい、それ以後は連絡《れんらく》がつかなくなることもあります。どうしても確認しておきたいことが出てきた場合は、誤解を残したままではさらに問題が生じるので追加取材も仕方がないですが、いずれにしてもインタビューは時間がかぎられ、一回かぎりですませることを心得ておく必要があります。

また、インタビューをする際、とくに前述したようなヒューマンストーリーを取材する場合は、その人の陰《かげ》で支えた人の存在も忘れないようにすべきです。長年、公務員の仕事を果たしながら絵画を描《か》きつづけ、自分専用のアトリエまでつくった男性には、奥《おく》さんや子どもの理解や支えがあったかもしれません。リトルリーグや高校野球の試合で活躍《かつやく》した選手の裏では、いつも弁当をつくり、ユニフォームを洗濯《せんたく》してくれた保護者の存在や、暑い中で控《ひか》えの選手といっしょにスタンドで応援《おうえん》してくれたチアリーダーや吹奏楽部《すいそうがくぶ》、地元の商店街の人たちなど、立場はちがっても同じ学校や地域の仲間がいたはずです。そうした人の存在も忘れないようにして、余裕《よゆう》があれば、そういった人へのインタビューも盛り込むと、厚みのある文章が書けるようになります。

5 相手の話をメモすることの意味

みなさんはだれかに話を聞くとき、自分なりにメモをとったことがありますか。学校では先生がいっしょに練習問題を解いたり、教科書のポイント、あるいはクラスメートが発言したりした内容を板書してくれることが多いと思います。その板書の内容をノートに写すことは、とても大事なことです。しかし、まわりの友だちによっては、たんに板書の内容を丸写しするだけでなく、重要だと思われるところに赤色や青色で線を引いたり、さらに注意すべきだと思う点について自分の言葉を加えたりする人もいるかもしれません。あるいは付箋《ふせん》やシールを貼《は》り、大事な言葉を目立たせることもあるでしょう。

メモやノートをとるという作業は、たんにだれかが板書してくれた内容を書き写すだけでなく、自分で重要だと思われる項目《こうもく》を判断しながら、時間が経過してから見直してもわかるようにしておくことが大切です。基本的にメモやノートは自分のためにとるものですが、「そのときわかりさえすればよい」という考えで、まとまりのつかないとり方をしていれば、あとになって見直しても何が重要だったのかわからず、たんに板書を写す作業をくり返していただけになって、時間がとてももったいないです。

取材記者もメモをとるのは大事な仕事の一つです。最近はボイスレコーダーという便利な小型の機械があるので、政治家などの記者会見での発言を録音しておくこともありますが、これはあくまでも補助的な手段で、メモをとることも同時に行っています。その後、記者のほとんどは自分の席に戻《もど》ったら「テープ起こし」といって、録音した内容を忠実に再現してノートを補足したりしているのが普通《ふつう》です。

みなさんもノートをとるときは、まずは一〇〇%、相手がいったことを忠実に再現することがとても重要になります。

たとえば、同じ町に住む人で、ガーデニングが趣味《しゅみ》の主婦の家に話を聞きに行ったことを想定しましょう。いつからこの町に住んでいて、ガーデニングはどのような経緯《けいい》で興味をもったのか、あるいは、四季折々に咲《さ》く花の中でどんな花が好きなのか、あるいはその理由、苦労話……など聞きたいことはたくさんあると思います。

一般《いっぱん》の人に話を聞く際は、板書などはしてくれませんから、効率よくメモをとる必要があります。ここでのコツは、話を聞く人の名前や住所、年齢《ねんれい》などは正確にメモをとらなくてはいけません。また、好きな花の名前などは箇条《かじょう》書きにしておけばいいかもしれませんが、ガーデニングが好きな理由や苦労話などは、その人しか経験していないエピソードになりますから、話してくれた言葉そのものを忠実に「　」（カギカッコ）でくくってコメントとして使えるように、一言ずつまちがえないように、メモをとっておくことが大事になります。また、年齢《ねんれい》などは掲載《けいさい》日までに誕生日を迎《むか》えて一歳年齢《さいねんれい》が上がることがあるので、できれば生年月日を聞いておくとよいでしょう。

こうした作業は取材記者の現場でもよくある作業です。総理大臣に、いつ国会を解散するのか、あるいはいつ外遊するのかなど、重要な節目の時期について記者が問いかけても、公式な立場にいるからこそ、そのものずばりでは答えてくれないことがあります。そのかわりに「この夏の暑さも長くつづきそうだから、鈴虫《すずむし》の鳴き声が聞こえ始めるころかなあ」などとヒントを教えてくれることがあります。

これを記者は忠実にメモをしてデスクに報告します。いろいろな担当記者から報告を受けたデスクは、こうした政治家の発言のメモを寄せ集め、同時に今後の国内外の政治日程なども考えあわせながら、「もしかすると九月半ばごろに国会を解散するのかもしれない」などと推測しながら取材活動をつづけます。このような場合、政治家のほんの一言ひとことがとても重要になります。「勘《かん》」をどんどん働かせることも大事になってきます。「さて、鈴虫《すずむし》っていつ鳴くのだっけ」などと考えていたのでは、会話がつづかなくなるでしょう。

また、このような人の台詞《せりふ》（「カギカッコ」でくる部分）は、あとになって大変重要な意味をもつことになります。たとえば、裁判員裁判のような一般《いっぱん》市民が参加する裁判が増えていますが、その際、捜査《そうさ》側が読み上げた犯罪の内容について、容疑者として疑いをかけられ、逮捕《たいほ》された刑事《けいじ》被告人《ひこく》が、裁判の中でどのように発言したのかは、あとになって問題になることがあります。「あなたは人を殺したということで裁判にかけられていますが、まちがいありませんか」と裁判官に問われた被告人《ひこく》が「はい、まちがいありません」と答えたのか、あるいは「人を殺したことにはまちがいないですが、じつは殺すつもりはなかったのです」と答えたのかでは状況《じょうきょう》がちがってきます。ですから、法廷《ほうてい》を傍聴《ぼうちょう》している記者も、裁判でだれが何といったか、一言ずつ正確にメモをとり、新聞記事として発表しても誤報にならないよう注意しているのです。

6 取材のアポイント（約束）をとるコツ

話を聞きたい相手に会う場合、こちらの都合で時間をつくってもらうことが多いと思います。その際は、いきなり相手の自宅や職場にいくのではなく、あらかじめアポイント（約束）をとってから出向くようにしましょう。その際、自己紹介《しょうかい》したうえで、「何の目的で」「どのような話を聞きたいのか」などの要点を電話やメールで相手に知らせることは、とても重要なことです。

《地元の郷土歴史の担当者に取材にいくケース》

「私は地元の新宿第一中学校三年の山田太郎と申します。今度、社会科の授業で課題が出て、新宿区の歴史について調べることになりました。新宿区の歴史や区内で発見された遺跡について、お話を伺《うかが》いたいと思います。九月の新学期までに調べることになっています。担当者の○○様のご都合のよろしい時間にお会いしたいのですが、いかがでしょうか」

また、アポイントはなるべく早めに入れることが取材のコツになります。専門家に話を聞いたら、そのままにしておくのではなく、早めに記録してきたノートを整理し、清書することが大事です。その作業をつうじて、さらに別の文献《ぶんけん》を調べる必要が出てくる場合があるので、たとえば二学期の最初に提出する課題だからといって、八月下《げ》旬《じゅん》に会うのでなく、二週間程度の余裕《よゆう》をもってアポイントをとるのがよいでしょう。

7 ボイスレコーダーやメモをとる際のマナー

最近は、プロの記者でもメモをとるのと同時にボイスレコーダーで相手の話していることを録音する機会が増えてきました。政治家が発言したことなど、取材記者の場合は一言一句正確に報道する必要があるためです。記者でなくても、うまくノートがとれなかったときのために、みなさんが取材内容を録音したいと思うことがあるかもしれません。最近ではボイスレコーダーだけではなく、スマートフォンでも録音機能がついているので、大変便利になりました。

しかし、みなさんが取材をさせてもらう際、もしボイスレコーダーなどで録音したいときは、かならず相手の許可を得てからスイッチを押《お》すことを忘れないでください。

《ボイスレコーダーを使用することを相手に伝える場合》

「今回、お話をうかがうにあたっては、大事なことを聞きもらすことがないよう、○○様とのお話の内容をこのボイスレコーダーで録音しながらお話をうかがいたいのですが、よろしいでしょうか」

人によっては録音されることを拒否《きょひ》する人もいますので、その際は、メモをとることに専念します。また、メモをとる際も、机の下でこっそりメモをとるのではなく、相手にメモをとっている行為《こうい》がわかるように、机の上にノートを置いて公平な立場でメモをとることを心がけてください。

⑧ メモ、ノートをとる工夫

前項《ぜんこう》で述べたように、一言ずつきちんとメモをすることはとても重要です。ただ、すべての人の話の内容を一言一句ちがわずにメモをとっていたら時間がなくなりますし、また、すべての話が必要ではない場合もあります。町で活躍《かつやく》している人のヒューマンストーリーなどは一言一句メモにとる必要はなく、その人の話の要点だけをメモしておけばいいといえます。

それでは話の「要点」とは何でしょう。また、話を聞きながらどうやって要点とそうでない部分を区別できるのでしょうか。それには、インタビューする側がきちんと意識していなければならないことがあります。つまり「最終的に自分は何を伝えたくて、そのために何を話してもらいたいのか」ということです。ガーデニング好きの人へのインタビューの際は、「どうしてその人を選んだのか」「その人の生き様《ざま》を紹介《しょうかい》して何を伝えたいのか」ということを意識しておくことが大事です。

日本は高齢《こうれい》化が進み、一〇〇歳《さい》まで生きる人が増えました。六〇歳《さい》代半ばまでに定年で会社勤めを辞めたあと、「第二の人生」をどう楽しみながら生きるかということが社会のテーマにもなっています。そうした中で私は、六〇代をすぎてガーデニングに力を入れている人をとり上げ、「第二の人生として、こうした楽しみ方もありますよ」「実際、私はこのように毎日の生活を楽しんでいます」というその人の生活ぶりを紹介《しょうかい》しました。同じような世代の人にも、元気な気持ちで生きがいをもって毎日を過ごしてほしい、という取材の目的があったからこそ、その人にインタビューに行ったのです。

つまり「話を聞く目的」を忘れてはならないということです。それを前提に聞いていけば、相手が思いつくままにいろいろ話してくれても、「これはぜひ、メモをしておきたい情報だ」とか「これはとりあえず参考に聞いておこう」という「情報の色分け」が自然となされるはずです。

また、「情報の色分け」が上手にできるようになるには、日ごろから相手の話を注意深く聞くことが大切です。話のテーマを意識しながら「相手は何をいいたいのか」を聞き分ける習慣をつけましょう。

たとえば、夏休みを前にして担任の先生が「海や川へ遊びに行くときは複数の友だちと行きましょう。そして、体調が優れなかったり、天候が悪くなったりしそうなときは、早めに切り上げて帰りましょう」という話をしたとします。

この中でまず大事なのは、海や川へ行くときは「複数で行く」という言葉です。もし事故にあったとき、一人では周囲の人が気づいてくれない可能性が高いからです。そして「体調が優れないとき」や「天候が悪いとき」は「早く帰り」ましょう、と注意を促《うなが》しています。全体を通して「海や川そのものへ行ってはいけない」と楽しいレジャーを中止するよう話しているわけではないはずです。そのように日ごろから相手

メモのとり方：よい事例／悪い事例

《インタビューされた側の発言》

「二〇〇八年のリーマンショックのころから本格的な不況がつづいていまね。それ以来、人びとの格差が激しくなり、現在では、収入の格差もあれば、それにともなう教育格差や医療格差、都市部と地方の格差も大きくなっていますね」。

Aさん（良いメモの例）

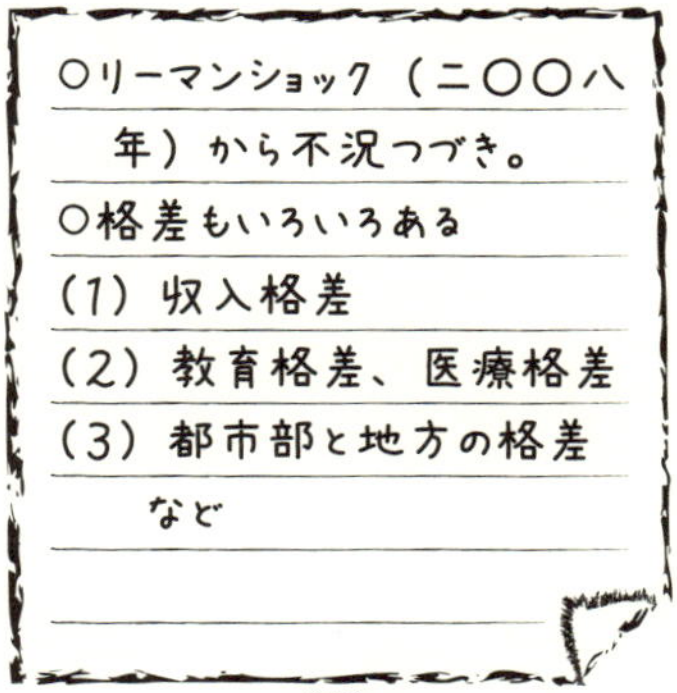
○リーマンショック（二〇〇八年）から不況つづき。
○格差もいろいろある
（1）収入格差
（2）教育格差、医療格差
（3）都市部と地方の格差
など

特徴

キーワードだけひろい、箇条書きになっている

Bさん（悪いメモの例）

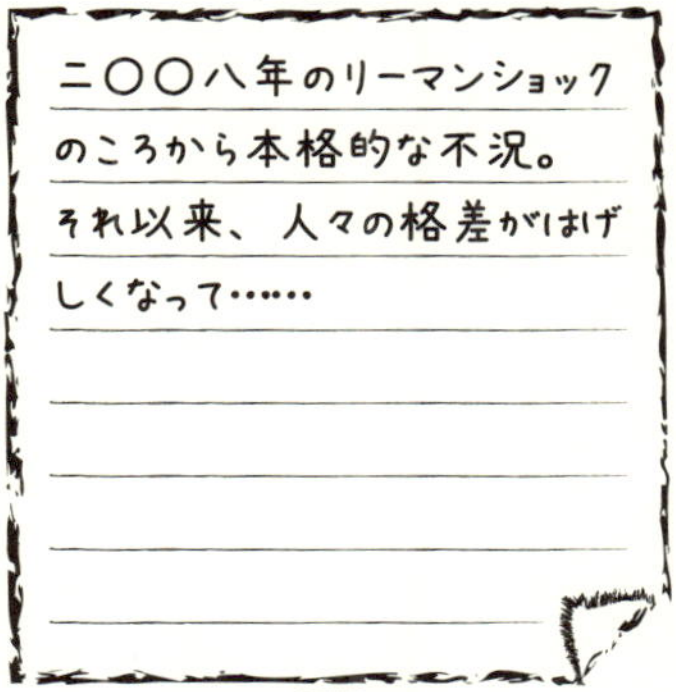
二〇〇八年のリーマンショックのころから本格的な不況。
それ以来、人々の格差がはげしくなって……

特徴

先生の言葉どおりに写しているので間に合わなくなる

が何をいいたいのかを注意深く聞いておくと、メモをとることがとても楽になります。

では、具体的にはどのようにすればいいのでしょうか。たとえば、前頁にメモのとり方のよい事例、悪い事例を示してみました。参考にしてください。大事だと思われる単語（キーワード）を拾ってまとめていくとよいでしょう。

コラム①

メール送信、親しき仲にもエチケット

私はこれまでの記者生活の中で知り合った、同じマスコミ業界の知人が少なくありません。中にはベテラン記者の一人で、長年培った専門分野の知識をもとにエッセーを書いたり、これまでの自分の知人が所属する組織でどれだけのポストについたのか、あるいは知人が参加するイベントのお知らせなどをメールで教えてくれる人もいます。そうしたメールの冒頭《ぼうとう》には「これまで私と名刺交換《こうかん》させていただいた方にお送りしています」と書かれており、いわゆる「メールマガジン（メルマガ）」とよばれるものです。人によっては数百人単位でいっせい送信している場合もあり、受けとった私も仕事の合間に文章を読み、気分転換《てんかん》することがあります。

しかし、メルマガの最後の部分に、「仕事に出ますので、つづきはまた！　誤字脱《ごじだつ》字《じ》お許しを！」などと書かれていて少し首をかしげたことがありました。どんなに忙《いそ》しくても、夜中や早朝に突然送られると、送られた側は「何か緊急の知らせなのかな」と思うことがあります。よく見てみると二週間以上先に行われるイベント情報など、不急の内容であったりします。そういうメールに出会うと「忙しいのはあなただけではないのですよ」といいたくなります。

メルマガでなくても「個人対個人」のメールでも同じです。内容によっては、時間をずらして日をあらためてゆっくり送ったほうが、相手を不快に思わせないケースも少なくありません。メール送信は「送る側の都合」よりも「送られる側の立場」も考えて送ることが重要です。

第2章

「ニュースは
ヤフージャパンを見れば十分」
といえるか

1 インターネット情報から「正確な」情報を探るスキル

みなさんは、夏休みの宿題などで一つの事柄《ことがら》について調べものをする際、どのような調べ方をしますか。たとえば、今は少子高齢《こうれい》化が進んでいます。終戦直後の一九四七年は第一次ベビーブームといって一つの家庭に四人以上の子どもがいるのが当然でした。しかし、現在では一・三人程度で二人の兄弟姉妹がいる家庭も少なくなりました。そうした現状について調べる際、どのような調べ方があるでしょうか。

少子高齢《こうれい》化にかぎらず、どのようなテーマであっても、それに関する書物を読んで調べることは、調べものの基本中の基本です。昔であれば、図書館に行って図書目録の引き出しの中からカードを引いて「少子高齢《こうれい》化」とか「高齢《こうれい》化社会」といった本を探しました。そして、何冊か借りてきて大事なところをノートに書き写す作業から始めるのが基本でした。

現代ではインターネットがさかんに使われています。グーグルやヤフージャパンといった検索《けんさく》サイトでキーワードを打《う》ち込《こ》むと、まず、知りたい案件に関する記事がたくさんピックアップされて、画面に出てきます。その中でも最初に目につくのが、ウィキペディアではないでしょうか。これはウェブ上であらかじめ登録しておいた多数の人が、特定の項目《こうもく》について知っていることを書《か》き込《こ》んだり、すでに書《か》き込《こ》まれている情報を修正したり、削除《さくじょ》したりしながら、みんなでつくっていくウェブ上の百科事典といわれています。

どのような言葉を検索《けんさく》しても、たいていはウィキペディアが最初の項目《こうもく》に挙がってきます。また、項目《こうもく》にもよりますが、結構くわしく書かれているため、すぐに参考にしたくなるサイトではないかと思います。最近の若い取材記者の中にも、これから取材を始める事柄《ことがら》や人物について、まずはインターネットで検索《けんさく》してみて、ウィキペディアを参考にする人が増えてきました。

しかし、プロの記者はもちろん、みなさんでも注意しなければならない点がありま す。もちろんウィキペディアはとても参考になり、これからの時代になくてはならない情報源になると思われます。ただし、書籍《しょせき》タイプの百科事典とは明らかにちがう点があります。それは、ある情報についてだれが書いたのか不明な点です。ウィキペディアは登録する際に、あらかじめある程度の個人情報を入力しておかないと書《か》き込《こ》めないしくみにはなっています。しかし、書籍《しょせき》型の百科事典のように大学教授やその道の専門家などが実名を挙げて責任をもって編集・執筆《しっぴつ》し、また客観的な立場から別の人が検証を加えているとはかぎらないという点が挙げられます。

たしかに情報を書《か》き込《こ》む人は、その項目《こうもく》についてある程度の知識があるからこそ書《か》き込《こ》もうとしているのであり、書《か》き込《こ》むからには自信をもって書《か》き込《こ》んでいるだろうと推察できます。しかし、どれだけ正確な情報かは書《か》き込《こ》む人に委ねられていますし、「信じるか信じないかは検索《けんさく》した人しだい」という色彩《しきさい》が強いのがウィキペディアの特徴《とくちょう》といえるでしょう。

二〇〇七年に、ウィキペディアの特定の項目《こうもく》について、複数の官公庁のコンピューターから役所に都合のいい修正が行われていた実態が次々と明らかになり、そのほか趣味《しゅみ》に関する項目《こうもく》のほか、ある国会議員や別の省庁の悪口ともとれる書《か》き込《こ》みがあることが判明しました。公務員が仕事中にネットに書《か》き込《こ》みをすること自体、「職員個人の職務外行為《こうい》（職務とは関係ない行動）」だとして、書《か》き込《こ》みをした人は厳重注意をされたということが社会問題になりました(1)。

また、公務員でなく民間企業《きぎょう》に勤めている人であっても、仕事の最中に会社のＬＡＮを通じてネットに投稿《とうこう》することは「仕事に専念していない」とみなされる傾向にあり、監視《かんし》を強化するという動きも出てきているようです。

このときは、たまたま意図的に事実をねじ曲げた内容が書《か》き込《こ》まれていることが判明して、書《か》き込《こ》んだ人までが調査されて明らかになりましたが、通常はそこまではなされないことがほとんどです。ですから、ウィキペディアに掲載《けいさい》されている情報だけを参考にして調べものを仕上げるのは危険をともなうことになり、また、調べものをしている側の立場なのに、「事実に迫《せま》る」努力をしていないともいえるでしょう。

ウィキペディアに掲載《けいさい》されている情報には玉石混交《ぎょくせきこんこう》あるといえるわけですが、それを判別するにはどうすればよいでしょうか。まず検索《けんさく》する側としては、ウィキペディアを利用するには、参考にした項目《こうもく》がどのような情報をもとに書かれているのか、その項目《こうもく》の下方にある参考文献《ぶんけん》の欄《らん》を参照することが大事になります。

たとえば、前述した少子高齢《こうれい》化の問題であれば、一つの情報について注釈《ちゅうしゃく》の番号がつけられていて、その欄《らん》を見ると参考文献《ぶんけん》が、著者名が明らかな実在する書物であったり、インターネットの中にもある公的な統計数値などをもとにされていたりするのであれば、ひとまず参考にしてよいと思われます。

これとは別に参考文献《ぶんけん》が個人のブログやホームページなどであったら、それは参考文献《ぶんけん》とはいいがたい場合が少なくないといえるでしょう。個人のブログの場合はたんなる個人の「意見」や「見解」、あるいは「推察」で書いてある場合が少なくないなど、根拠《こんきょ》となるデータにとぼしいからです。

こうした分類、識別方法は、ウィキペディアに限定しなくても、検索《けんさく》結果から出てきた項目《こうもく》が参考に値《あたい》するかどうかの基準になるはずです。

たとえば、もし、みなさんや家族のだれかが、病気になったとします。熱が出てなかなか治らないけれども、かぜとみなしてよいのか、あるいは別の病気を疑う必要があるのか、自分なりに調べてみたいこともあるかと思います。もちろん、かかりつけの医師に診断《しんだん》してもらうのが一番ですが、薬をもらっても回復が遅《おそ》く、心配でさらに別の病院に行こうか迷った際、ひとまずパソコンで症状《しょうじょう》や治療《ちりょう》法を検索《けんさく》してみようと考えることが少なくないはずです。

みなさんがインターネットの検索エンジンに病名を入力するだけで、多種多様なサイトがヒットするはずです。しかし、本当に正確な治療《ちりょう》法をネット上で知りたいのであれば、前述した項目《こうもく》のように、「事実に迫《せま》る」努力が必要になります。そこで大事なのが、どのようなものを根拠《こんきょ》にしているか、出典の種類の確認作業です。病気であれば、その特徴《とくちょう》を解説したものから、実際に長期間、病院に入院して闘病《とうびょう》生活をしていた人の体験談などさまざまです。個人のブログで体験談をつづったものは、まったく参考にならないわけではありませんが、「たまたまその人がやってみて成功した」という治療《ちりょう》法であることが少なくありません。ですから、個人の体験談がすべての人にあてはまるとはかぎらず、これからどのような治療《ちりょう》法をしようか迷っている場合は、参考程度にとどめておくことが望ましいでしょう。

それでは、病気についての情報を調べたい場合は、どんなサイトを見るとよいでしょうか。最近は企業《きぎょう》のホームページでも充実《じゅうじつ》したサイトが増えています。たとえば、製薬メーカーがつくっているサイトでは、自社の薬の効能などを紹介《しょうかい》しているほか、基本的な病気の特徴《とくちょう》や治療法《ちりょう》を紹介《しょうかい》している「ミニ辞典」のようなサイトがあります。病気については薬を製造しているメーカーであれば、少なくともその分野の病気や薬の専門家ですし、医師などその分野にくわしい人が「監修《かんしゅう》」している場合も少なくないので、ある程度は参考になると思われます。

もちろん、病気の解説などのサイトの場合は、一般《いっぱん》向けのものであっても専門用語などが多く含《ふく》まれていて、一般《いっぱん》の人にはわかりにくい表現があるかと思います。また、その人個人の病気の実態や医師の方針によっても、どの治療《ちりょう》法に重点を置くかがちがうため、あくまでも一般《いっぱん》論としての参考情報として、検索《けんさく》結果を利用するのがよいでしょう。そして、個人的にどうすればよいかは、当然、「かかりつけ医」などの身近な医師の診断《しんだん》に任せる、それでもむずかしければさらなる専門医を紹介《しょうかい》してもらう、という順序をたどることが大切です。

参考文献

（１）「ウィキペディア　省庁から『修正』」『朝日新聞』（二〇〇七年九月八日付）。

２ ベストアンサーとは何が「ベスト」なのか

前項《ぜんこう》で説明した、インターネットサイトの利用法に関する問題点として、もう一つ挙げられるのが「何を根拠《こんきょ》に良いか悪いかを決めているのか」というのが、あいまいな点が少なくないということです。身近な「わからないこと」について、ネットを通じて不特定多数の人に回答を求めることができるサイトがあります。これは結構利用されているようで、「学校の宿題でわからないことがあったら、まずそのサイトで質問を投げかけてみる」という人も増えているようです。いろいろなサイトがあるようですが、質問を投げかけてからタイミングよく、回答が寄せられる場合がありますが、その際、質問をした人が「この質問については最良の答えだ」と判断したり、さらに不特定多数の人の「投票」により、ひとまずの回答として評価をくだす作業が求められたりするようです。

みなさんの中にも、わからない問題をネットで調べていたら、たまたまだれかがネット上に同じ内容で質問を出していて、別のだれかが回答している項目《こうもく》にたどり着いたことがあるかもしれません。その際、注意してほしいことがあります。

いくつか寄せられた回答の中には、「ベストアンサー」として「認定」されているような項目《こうもく》があるかもしれません。

もしこの質問の内容が、たとえば人生相談のように「かならずしも回答が一つとはかぎらない」ことを前提としていて、とりあえず質問者が自分の考えに沿うような回答を「ベスト」と選んでいる場合もあります。しかし、中には、本当は客観的な情報やデータが必要であるにもかかわらず、それを示さない回答が寄せられ、加えて全体の回答数が少なかったためその回答がタイミングよく「ベスト」と認定されてしまう場合も少なくないのではないでしょうか。

このような場合は、かならず、同じような検索《けんさく》をくり返すとともに、前項《ぜんこう》で述べたように、データの出典や発言の根拠《こんきょ》がきちんと示されている情報を少しでも多くとり集め、みなさん自身で「事実」に迫《せま》る努力を惜《お》しまないことが大事になります。少なくとも「何を根拠《こんきょ》に『ベスト』なのか」を自問自答しながら、回答を導き出すことが大切になります。

３　「公式」サイトも便利だが限界がある

みなさんが学校の授業や宿題で「調べもの」をする際、役に立つサイトの一つに「公式サイト」とか「公式ブログ」といった項目《こうもく》があります。個人の場合は何を基準に「公式」といっているのか不明な部分が少なくないですが、少なくともみなさんの住んでいる町の市役所などの公共機関が、だれが見ても、最低限必要で、わかりやすい情報を載《の》せているサイトなどは「公式」といえるのではないでしょうか。また、一《いっ》般企業《ぱんきぎょう》でも会社独自のホームページをつくって、自社の製品を紹介《しょうかい》しているものがありますが、これも「公式」といえます。

また、プロ野球やサッカーなどの場合、球団やチームが独自に試合結果やチーム所属のメンバーのプロフィールなどを掲載《けいさい》しているものがあります。スポーツや芸能などの場合、スポーツ選手やアーティストの熱烈《ねつれつ》なファンクラブが独自の視点でホームページをつくっている場合もあります。「公式」という言葉には、こうしたファンクラブなどのサイトと区別する意味合いもあり、競技団体そのものが「公式」と表記しているのです。ファンクラブの場合は、ファンになっている選手やアーティストに対して比較的《ひかくてき》好意的に書かれており、ファンでなければわからない情報などがくわしく載《の》っているケースもあります。

しかし、熱烈《ねつれつ》なファンである分、それ以外のチームや他の団体、プロダクション所属の同業者のことはほとんど記載《きさい》されていないため、中立性や客観性に欠ける場合が少なくありません。これに比べると「公式」サイトは、他団体のことは書かれていないにしろ、必要以上に「ひいき目」に見ずに、だれが見ても理解できるような客観的な試合結果やコンサート情報などを掲載《けいさい》しているので、ひとまず安心して見ることができるはずです。

しかし、大事なことがあります。みなさんが住んでいる町や有名企業《きぎょう》が「公式」と表記しているホームページであったとしても、情報発信の中味には限界があるということを忘れてはいけません。

たとえば、地方自治体のホームページは、人口や町の面積、特産品などの情報を得るにはとても適しています。最新の人口などは、公式ホームページからの引用であることを明記して、レポートや宿題に大いに利用しましょう。また、国全体のデータにの場合も、各年齢《ねんれい》層別の人口データなどは国や政府の公式統計が利用できます。以前なら分厚い「白書」や「統計」の本を図書館に借りに行かなければならなかったのが、現在では、中央省庁などのホームページからリンクされて、国の公式統計にたどり着けるようになっています。

ただ、企業《きぎょう》などの場合は、比較的《ひかくてき》カラフルなページをつくり、自社製品を宣伝することが主な目的になっていることが少なくありません。自治体であっても前述したような公式統計数値のほか、他の地域から観光などで訪れようとしている人たちへの、観光ガイドのようなページとリンクしていることが大半なのです。要するに比較的《ひかくてき》、自治体や企業《きぎょう》にとり、「メリット」の部分、つまりは「明暗」の「明」の部分に焦点《しょうてん》があてられてつくられているのが「公式」ページの特徴《とくちょう》といえるでしょう。

たとえば、町の人口一つとっても、最近では地方自治体を中心に少子高齢化《こうれい》が加速している傾向《けいこう》にあります。人口の統計は表になっていてわかりやすいのですが、「少子高齢《こうれい》化が進み、町の大半で過疎《かそ》化が進み、町として成り立たない地域もある」などの情報は表立って記述されていないのが普通《ふつう》です。ですから、人口統計を毎年見比べてみて、この町の人口から若い人がどれだけ減っているのか、働く世代は足りているのか、他の町に自慢《じまん》できる産業はあるのか、などについて、統計数値をもとに、私たち自身が推察する必要があります。

最近は、インターネット選挙というのがさかんに行われるようになりました。これまでは政治家個人のサイトは、選挙期間中は更新《こうしん》できませんでしたが、ネット選挙解禁になって以降は、選挙期間中でも政治家個人のサイトが更新《こうしん》でき、選挙に立候補する人は、直近の街頭演説の日程や公約を執筆《しっぴつ》したり、自分の執務《しつむ》室で有権者に向けたメッセージを動画に収め、さらにサイトにリンクしたりして、自分の政策を発信できるようになりました。しかし、政治家のサイトの場合でも、中には不祥事《ふしょうじ》を起こしてメディアで問題が報道される人がいます。そうした人が立候補した場合、選挙に当選することを念頭において、自分に都合の悪い事実や情報を掲載《けいさい》していない場合があります。つまり、「公式サイト」と本人が認定しているサイトでも、情報発信する側の意図により、都合の悪い事柄《ことがら》が最初から掲載《けいさい》されていないケースが少なくありません。こうした場合は、みなさんのような立場の人が、新聞やテレビのニュース報道などをつぶさに見て、「実際はどうなのか」をきちんと把握《はあく》しておく必要があります。これらはみなさんの熟慮《じゅくりょ》と判断力、洞察《どうさつ》力などをフル回転させて熟考する必要があるのです。表面的な数値やメッセージだけを見て納得するだけでは、インターネットがさかんな時代を生き抜《いぬ》くことは、むずかしいといえるでしょう。

4 個人ブログ・SNSの限界

最近は、ソーシャルネットワーキングサービス（SNS）といって、個人の立場で、自分の意見や情報を不特定多数の人にインターネットを介《かい》して発信できるようになりました。ホームページは作成に手間や料金がかかりますが、民間企業《きぎょう》が運営しているブログは無料で開設することができます。また、ツイッターやフェイスブックなどで情報発信したり、ユーチューブなどに動画を掲載《けいさい》したりすることもできるようになりました。一〇年ほど前までは、情報発信というと、新聞や雑誌の記者やテレビ局のリポーターなど、すでに情報発信手段が確立されているメディアに所属するプロの人しかできない活動だと考えられていました。

しかし、最近は状況《じょうきょう》が変化しています。決定的に状況《じょうきょう》が変わったのが、二〇一一年三月一一日に発生した東日本大震災《だいしんさい》のときでした。道路が寸断され、地震《じしん》発生直後から津波《つなみ》が押《お》し寄《よ》せ、大勢の人が犠牲《ぎせい》になりました。しかし、大勢の人が犠牲《ぎせい》になっていることがわかり始めたのは、半日以上経過してからでした。なぜなら、既存《きそん》の新聞記者やテレビのリポーターが、現地に駆《か》けつけようとしても、交通が遮断《しゃだん》され、なかなか津波《つなみ》の被害《ひがい》を受けている現場にたどり着けなかったからです。テレビのニュース番組も、発生当初は自衛隊が現地を上空から撮影《さつえい》した映像を借り受けるぐらいしか、できなかったのです。

しかし、プロとされているメディア関係者がなかなか現地に到着《とうちゃく》できずにいる中で、被災《ひさい》地の住民の人びとが、どれだけひどい被害《ひがい》を受けているか、その状況《じょうきょう》をスマートフォンや携帯《けいたい》電話で撮影《さつえい》し、そのまま自分のブログやツイッターなどのSNSに投《とう》稿《こう》していました。一般《いっぱん》の人がプロのメディア関係者よりも先に情報の発信者となっていたのです。

それまでSNSというと、たとえば、家族や友人とレストランに食事に行った際、おいしそうな料理が出されて、その感動のあまり写真に収めると同時に、急いで自分のブログなどで不特定多数の人に「今からこんな料理を食べますよ」といった具合に、身近な出来事を「つぶやいて」いることがほとんどでした。料理を食べなくても、今どこにいるかについて情報発信するのが主流になり、あくまでも個人的な情報を個人の意思で発信しているにすぎませんでした。ですから、その個人を知らないだれかが見ていても見ていなくても、情報発信した本人はあまり問題にせず、自分の現状を情報発信すること自体を楽しむことが多かったものと思われます。しかし、前述したような災害現場の様子が写し出された結果、ＳＮＳは既存《きそん》のメディアにも準じ、場合によってはそれ以上に貴重な情報発信手段となってきたのです。

最近は、スマートフォンをもっている人が若い世代を中心に増えました。情報発信や情報交換《こうかん》を簡単にできるようになったのが、「ライン（ＬＩＮＥ）」とよばれる通信手段です。スマートフォンのほか、パソコンなどのアプリケーションによる無料通話やメッセージ交換《こうかん》を簡単にできるようにしたもので、二〇一四年一〇月時点で登録者数が世界全体で五億人を突破《とっぱ》したそうです。[1] マンガ本によくある台詞の吹《ふ》き出《だ》しのように、リアルタイムでメッセージをやりとりできる手段が若者に受けているようです。

しかし、一部では問題も起きています。ラインに登録する際には、自分の個人情報を登録する必要があり、自分の電話番号に相当するＩＤが表示されることから、まったく素性がわからない他人と出会うきっかけにも利用できる面があり、それを悪用した犯罪に一八歳《さい》未満の若者が巻《ま》き込《こ》まれる被害《ひがい》が多数出ています。(2) また、リアルタイムで意見交換《こうかん》できることから、友だちと活発に意見交換《こうかん》ができる一方、相手の顔が見えない状態でのやりとりであることから、何かの都合で相手が返事ができなかったことがトラブルのきっかけになることも社会問題化されているので、注意が必要です。

（1）「ＬＩＮＥ　五億人突破」『朝日新聞』（二〇一四年一〇月一〇日付）三面。
（2）「交流サイトで被害　保護の少女ら増加」『朝日新聞』（二〇一四年九月一八日付夕刊）一五面。

5 文章の要約はどうしたらうまくなるだろう

レポートや小論文を書くのと同時に、教科書や参考資料の文章をあらかじめ読んだうえで、その文章を書いた筆者のもっともいいたいこと（文章の大事なポイント）を要約してから、自分の意見を述べる場合があります。

前述したように、小論文やレポートの文章は「序論」や「本論」、「結論」というような文章構成をとると、読み手にもわかりやすくなります。これは文章の骨組みといってもいいかと思います。それでは、文章の骨組みはどんな特徴《とくちょう》をもっているのでしょうか。その素材は何でできているのでしょうか。

文章は①事実や現象、それにもとづくデータ、②具体例やエピソード、③筆者の意見や主張、の三つに「色分け」することができます。

①事実や現象、データ

毎年、子どもの数が減り、高齢者《こうれいしゃ》が増えているという少子高齢化《しょうしこうれいか》の「現象」は、人口統計を見ればだれでもわかることです。「いや、日本は高齢化《こうれいか》社会ではない」と人によって意見がちがうことはありません。このように、客観的にみてだれでも変えることができない部分が事実や現象、データです。

②具体例やエピソード

文章を書く際、あまり抽象的《ちゅうしょうてき》にならないように、世の中で起きているニュースや自分の体験談などを書くとわかりやすくなることがあります。初めてその文章を読む人が、筆者が何をいいたいのかを想像しやすくするために、エピソードを盛《も》り込《こ》む工夫がなされます。

③筆者の意見や主張

小論文やレポートでは、筆者がもっともいいたいことを書かなければ、たんなる

「解説」、「説明」に終わってしまいます。小論文は広い分類では、論説文や評論文になりますが、かならず筆者の意見が明言されていることが必要です。

これら①から③のうち、要約をする場合は、まずは③にあたる部分を最優先します。そして要約の分量により、①を盛《も》り込《こ》むとわかりやすくなります。ただし、要約というのは、あくまでも筆者の主張は何かをコンパクトにまとめることですから、②は後回しにして考えるのが、要約をする際のコツです。

練習　文章を要約してみよう

実際の論説文を読んでみて、それぞれの段落は①、②、③のどれにあたるかを考えてみましょう。

③に相当する部分に線を引いて、筆者のいいたいこと（主張）を一〇〇字程度で要約してまとめてみましょう。

《課題文》

一三〇〇年の歴史をもつ「日本の手漉《てすき》和紙技術」が国連教育科学文化機関（ユネスコ）の無形文化遺産に登録された。高く評価された和紙の伝統を、人類の宝として、しっかりと後世に伝えたい。

本美濃紙《ほんみのし》（岐阜県美濃市）、細川紙《ほそかわし》（埼玉県《さいたまけん》小川町、東秩父《ひがしちちぶ》村《むら》）と既《すで》に登録済みの石州半紙《せきしゅうばんし》（島根県浜田市《はまだし》）をグループ化した和紙技術として登録が決まった。いずれも、コウゾを原料に手漉《てす》きで作られている。

ユネスコの政府間委員会では、教育現場で手漉《てす》きの体験活動が行われるなど、世代を超《こ》えて伝統的な知識や技術が受《う》け継《つ》がれ、地域社会のつながりを生んでいることが評価された。

製紙は大陸伝来の技術とされ、日本書紀には、七世紀初頭、製法を知る僧侶《そうりょ》が朝鮮半島《ちょうせんはんとう》から来たとの記録が残る。日本最古の紙とされるのは、奈良《なら》・正倉院に残る七〇二年の美濃《みの》、筑前《ちくぜん》、豊前《とよまえ》の戸籍用紙《こせきようし》。つまり、千三百年の歳月《さいげつ》に耐《た》えてきたのである。

大陸から伝わった「溜《た》め漉《す》き」技法から、やがて、独自の「流《なが》し漉《す》き」が考案された。原料のコウゾ、ミツマタなどの長い繊維《せんい》を均一に絡《から》み合《あ》わせるため、ネリと呼ばれる植物性粘液《ねんえき》を加えた紙材液を流し動かして漉《す》き上《あ》げる技法である。熟練した手さばきを要するが、流《なが》し漉《す》きにより、ごく薄《うす》く、しかも、非常に丈夫《じょうぶ》な和紙が作れるようになった。

和紙は、文字や絵を伝える媒体《ばいたい》としてばかりでなく、障子《しょうじ》となり扇となって、日本の暮らしや文化の中に息づいてきた。薬品を使うことなく真っ白な紙を漉《す》くためには、清らかな水が欠かせない。和紙の伝統は、日本の風土と深く結び付いてもいる。

今回の登録について、文化庁の青柳正規《あおやぎまさき》長官《ちょうかん》は「これほど完璧《かんぺき》に良質の紙を作るのは、いまでは日本だけになっている」と述べた。

しかし、和紙づくりの現場では、紙漉《かみす》き職人だけでなく、紙漉《かみす》きに必要な木の枠組《わくぐ》みを作る職人も減っているのが現状だ。

むろん、機械で漉《す》くこともできる。だが、薬品の入った糊《のり》や水道水を使う機械漉きの和紙には紙魚《しみ》がつき、劣化しやすい。

天然素材の手漉《てす》き和紙は、手間がかかる。効率が求められる産業の論理とは相いれないだろう。でも、文化の考え方は違《ちが》う。

他に類を見ない質の高さが認められたのである。その手漉《てす》きの伝統が途切《とぎ》れぬよう、人類の宝として守っていきたい。

（出所）社説「手漉《す》き和紙　途切《とぎ》れぬ文化遺産に」『東京新聞』（二〇一四年一一月二八日）

《①から③の色分け》

一三〇〇年の歴史をもつ「日本の手漉《てすき》和紙技術」が国連教育科学文化機関（ユネスコ）の無形文化遺産に登録された。高く評価された和紙の伝統を、人類の宝として、しっかりと後世に伝えたい。

⇓「**伝えたい」という筆者の主張なので③**

本美濃紙《ほんみのし》（岐阜県美濃市）、細川紙《ほそかわし》（埼玉県《さいたまけん》小川町、東秩父村《ひがしちちぶむら》）と既《すで》に登録済みの石州半紙《せきしゅうばんし》（島根県浜田市《はまだし》）をグループ化した和紙技術として登録が決まった。いずれも、コウゾを原料に手漉《てす》きで作られている。

ユネスコの政府間委員会では、教育現場で手漉《てす》きの体験活動が行われるなど、世代を超《こ》えて伝統的な知識や技術が受《う》け継《つ》がれ、地域社会のつながりを生んでいることが評価された。

製紙は大陸伝来の技術とされ、日本書紀には、七世紀初頭、製法を知る僧侶《そうりょ》が朝鮮半島《ちょうせんはんとう》から来たとの記録が残る。日本最古の紙とされるのは、奈良《なら》・正倉院に残る七〇二年の美濃《みの》、筑前《ちくぜん》、豊前《とよまえ》の戸籍用紙《こせきようし》。つまり、千三百年の歳月《さいげつ》に耐《た》えてきたのである。

⇓「和紙」の種類や歴史を説明しているので①

大陸から伝わった「溜《た》め漉《す》き」技法から、やがて、独自の「流《なが》し漉《す》き」が考案された。原料のコウゾ、ミツマタなどの長い繊維《せんい》を均一に絡《から》み合《あ》わせるため、ネリと呼ばれる植物性粘液《ねんえき》を加えた紙材液を流し動かして漉《す》き上《あ》げる技法である。熟練した手さばきを要するが、流《なが》し漉《す》きにより、ごく薄《うす》く、しかも、非常に丈夫《じょうぶ》な和紙が作れるようになった。

和紙は、文字や絵を伝える媒体《ばいたい》としてばかりでなく、障子《しょうじ》となり扇となって、日本の暮らしや文化の中に息づいてきた。薬品を使うことなく真っ白な紙を漉《す》くためには、清らかな水が欠かせない。和紙の伝統は、日本の風土と深く結び付いてもいる。

⇓「和紙」の技法の移り変わりについて事実を説明しているので①

今回の登録について、文化庁の青柳正規《あおやぎまさき》長官《ちょうかん》は「これほど完璧《かんぺき》に良質の紙を作るのは、いまでは日本だけになっている」と述べた。

⇓文化遺産登録について、認定者が語った事実を紹介《しょうかい》しているので①

しかし、和紙づくりの現場では、紙漉《かみす》き職人だけでなく、紙漉《かみす》きに必要な木の枠組《わくぐ》みを作る職人も減っているのが現状だ。

むろん、機械で漉《す》くこともできる。だが、薬品の入った糊《のり》や水道水を使う機械漉きの和紙には紙魚《しみ》がつき、劣化しやすい。

天然素材の手漉《てす》き和紙は、手間がかかる。効率が求められる産業の論理とは相いれないだろう。でも、文化の考え方は違《ちが》う。

⇓和紙づくりの現状や問題点を述べているので①

他に類を見ない質の高さが認められたのである。その手漉《てす》きの伝統が途切《とぎ》れぬよう、人類の宝として守っていきたい。

⇓和紙を「人類の宝」として守っていきたいという筆者の主張なので③

③と分類できた部分を中心に要約してみる。

《要約の解答例》

無形文化遺産に登録された日本の手漉《てす》き和紙は、手間がかかり、効率が求められる産業の論理とは相容れないが、重要な文化として、その質の高さが評価されている。

和紙技術の伝統を、人類の宝として守り、後世に伝えたい。

要約するときは、文章全体を読んでみて、「結局、筆者は何がいいたいのか」という点について、友人などに「自分の言葉で」一言でまとめて説明するとどういうふうにいえるかを考えるとよいでしょう。

【考え方のヒント】

この場合は、無形文化遺産に登録された日本各地の手漉《てす》きによる和紙は、経済効率から考えると、みなさんが使っている、化学薬品を使い、製紙工場で大量生産されているコピー用紙に比べれば、一枚一枚丁寧《ていねい》につくられる一方、はるかに生産効率が悪いです。しかし、こうした日本にしかない伝統は「人類の宝」として残していきたいですね、と述べているのです。「人類の宝」という言葉はぜひ、盛《も》り込《こ》むとよいキーワードです。

6 レストラン情報はどこまで信用できるか

みなさんは、たとえば週末に家族とともにレストランで外食しようと計画した際、どのように店を選びますか。かつてならレストランや観光地のガイドブックを書店で購入《こうにゅう》して、洋食にしようか和食にしようか大体のメニューを決めたうえで、自分たちの行きたい街にある店を候補に選ぶ作業をしたり、あるいは友人や知人に「どこの店がおいしかったか」などとたずねたりしたものでした。レストランのガイドブックで評価がひとまずよくて、自分たちの予算に合えば、その店を選んだのです。

しかし、現代ではほとんどの人が、まずはインターネットで検索《けんさく》するのではないでしょうか。料理の種類や行きたい街を検索《けんさく》すると、レストランの一覧が出てきます。中には、すでにそのレストランで食事を経験した人が、どれくらいおいしかったのかを評価して、コメントなどを投稿《とうこう》しているサイトすら見受けられるようになりました。

最近、こういった種類のサイトをめぐり、問題が発生しました。レストランの検索《けんさく》サイトで、店の料理や雰囲気《ふんいき》を評価する投稿《とうこう》に情報操作があったことが明らかになったのです。(1) 業者から店の宣伝を出さないかと誘《さそ》いを受けた店側が、業者に依頼《いらい》して、不正に「おいしかった」とか「店の雰囲気《ふんいき》がよかった」などと好意的な書《か》き込《こ》みをしてもらっていた、いわゆる「やらせ」があった事件です。実際、ある店では、好意的な投稿《とうこう》が掲載《けいさい》されて以降、急に繁盛《はんじょう》して、店の前に客が並ぶようになったそうです。

また、こうしたレストランの検索サイトでも、店側が広告を掲載《けいさい》してもらうには料金が必要で、高い料金を払《はら》うほど、「歓送迎会《かんそうげいかい》に行きたいお店特集」など目立つ欄《らん》に掲載《けいさい》してもらえるのだそうです。これでは、本当に「おいしい」店なのか、「雰囲気《ふんいき》がよい」店なのか、検索《けんさく》しただけではわからないということになります。検索《けんさく》している作業そのものが無駄《むだ》になるともいえるでしょう。

この場合、掲載《けいさい》サイトの側よりも書《か》き込《こ》み依頼《いらい》をしたレストラン側がより悪質だということになるようですが、すぐに行政処分を出すのはむずかしいようです。それならば、私たちはどう判断したらよいのでしょうか。インターネットの書《か》き込《こ》み情報は、いわゆる「口コミ」といって、個人の感想や意見をそのまま投稿《とうこう》しているにすぎません。実際に「おいしい」かどうかは個人の感想にすぎず、その口コミを投稿《とうこう》した人もどのような人なのか、そのほとんどが匿名《とくめい》で掲載《けいさい》されています。そこで前述したような、店の関係者が「おいしい」と投稿《とうこう》していてもわからないのです。

このようなネット情報をもとにレストランを選んだとしても、明らかに「おいしくない」店で選択《せんたく》がはずれてしまったということは少ないかもしれません。それでも、店を選ぶ判断基準がネット任せになっていることはまちがいないでしょう。

そこで、私たちが情報の「渦《うず》」に惑《まど》わされるのではなく、積極的に情報を集める努力や工夫が必要になってきます。もちろん、インターネットの情報がすべて信用できないというわけではありません。たとえば、レストランを選ぶ際には、いろいろな複数のサイトを検索《けんさく》してみて、ちがう人がそれぞれどのように評価しているか、評価している言葉の中味に差はないかどうか、文章をよく読みとる必要が出てきます。また、実際にその店に行ったことがあったり、同じような店に行ったりしたことがある知人に、そのレストランの様子を聞いておくのもよいでしょう。そして、実際にレストランに行ってみて料理を味わいながら、家族の意見を聞き、実際の料理のレベルと自分で集めた情報に差がなかったかどうか、どの程度サイトの情報が信用できたかを、日記などに記しておいて、さらに次回、同じような選択《せんたく》をする際の参考としておくのがよいかもしれません。

レストランなど味覚を中心とする分野では、一概《いちがい》に「おいしい」とか「まずい」を判断できるものではありません。その店のレイアウトや店員の接客態度などすべてを含めてレストランの評価となります。みなさんは、インターネットで情報を得ながらも、自分で価値判断ができる体験をどんどん積み重ねていく努力を惜《お》しまないでください。

(1)「ネット口コミ　苦い味」『朝日新聞』(二〇一二年一月二七日付)三〇面。

7 ヤフー・トピックスだけが「ニュース」ではない

みなさんは自宅や学校でパソコンを立ち上げると、まずはヤフージャパンのページが表示されることが多いのではないでしょうか。ニュースの項目《こうもく》が八項目《こうもく》並んでいるほか、天気や占《うらな》い、電車の遅延《ちえん》情報などが掲載《けいさい》されていて、その時点での世の中の動きをコンパクトに並べる手法は、忙しいビジネスパーソンには便利かもしれません。

たとえば、ヤフー・ニュースのトピックスは、トップページの中央に挙げられています。しかし、これをよく見ると、全国紙や通信社、あるいは、その他の情報サイトから「転載《てんさい》」されているのがわかります。新聞記者経験がある私は、就職を控《ひか》えた大学生からたまに「ヤフー・ニュースの記者になるには、どうすればよいのですか」と聞かれることがあります。その際、私はすかさず、「ヤフーに取材記者はいません」と答えています。つまり、ヤフーのトップページに並べられているのは、新聞社などからヤフーがニュースを購入《こうにゅう》して、そしてヤフーの編集者が自社サイトに並べ直して、さらに関連するサイトとリンクしているにすぎないのです。

実際、新聞社やテレビ局の取材活動というのは、たった一本のニュースを取材するのに、場合によってはいつ終わるかわからないほど長期にわたったり、何人もの取材記者を動員したりしなければならず、とても手間暇《ひま》のかかるものです。もちろん、取材活動の基本は若いうちから学んでおく必要もあり、だれでも真似ができるものではありません。また、新聞やテレビニュースの編集の仕方も、できるだけ多くの人がわかりやすく、かつ現代社会の問題点を指摘《してき》するためにどのニュースをどういった順番でとり上げるかを決めるには、より正確なスキルが求められるものです。

しかも、新聞に掲載《けいさい》したり、テレビで放映するための優先順位のつけ方は、社会にとって重要だと思われる政治や経済、社会、国際問題に加え、ときとしてスポーツや文化の話題を新聞社等の編集者が議論しながら吟味《ぎんみ》して「公平中立」に扱《あつか》っています。それに対し、ヤフーだと「どのトピックスがよくクリックされているか」を逆に編集者側がリアルタイムで検索《けんさく》しながら、ニュースを並《なら》べ替《か》え、トップページに上げたり下げたりしているのです。(1)ですから、新聞社やテレビのニュースのように、報道の中立性のようなものは、取材経験のある私からするとあまり感じられません。

もちろん、広告については記事とは別物であることが一目でわかるようになっていて、ニュース記事とは次元がちがうことを示していますが、「その時点で」一番クリックされているニュースが優先されていることを理解したうえで、閲覧《えつらん》することが必要になるでしょう。

インターネットが電気や水道、ガスと同じように生活必需品《ひつじゅ》となった現在、ネット上のニュースサイトはとても便利なものであることは、いうまでもありません。しかし、新聞記者の取材活動や編集作業は、だれでも簡単にできるものではありません。新聞記者は取材をする中で「何が事実なのか」をつねに考えています。そして、普通《ふつう》に接していたのでは世の中の真実がわからない社会の問題点を記事にするべく、できるだけその分野のキーマンとなる人を探して、根気強く取材し、裏づけをしながら読者に伝えています。また、伝える際も、どのニュースをどのように読者に伝えるか、記事の大きさやどのような写真を扱《あつか》うかなど、これもまた、熟練を要するものです。

また、新聞やテレビには「伝える側の責任」というものがつきまといます。基本的には一〇〇％、記事や番組の内容は事実に即《そく》して正確でなければなりません。取材をさせてもらった人の氏名の漢字を一文字まちがえただけでも、訂正《ていせい》記事を出して読者におわびしなければなりません。昨今の新聞を見ていると、人の名前や数値データに万が一誤りがあった場合、たんに訂正箇所《ていせいかしょ》を紹介《しょうかい》するだけでなく、「どうしてまちがえたのか」、その理由まで読者に示す「説明責任」を明確にすることが求められるようになってきました。

しかしネットの情報で、万が一まちがいに気づいた場合、「〇月〇日の〇時から〇時まで配信していたサイトの内容に誤りがありました」などという訂正《ていせい》記事を見たことがあるでしょうか。ほとんどそのような文言は見たことがありません。数時間経過して見直してみると、訂正《ていせい》したという情報は載《の》せないままデータが更新《こうしん》されていたり、情報そのものが理由も告げずに削除《さくじょ》されていたりするのが現状だと言えます。

それでは、ネット情報を利用する私たちは、どのような点に注意すればよいでしょう。たとえばニュースサイトを見る際は、どの新聞から転載《てんさい》されているのか、ニュースの最後に記されている新聞のタイトル（ロゴといいます）を確認するのと、できれば自宅で購読《こうどく》している新聞を読み直して、サイトで見たニュースが実際の新聞紙面では、どのページにどのような大きさで掲載《けいさい》されているのか、確認してみるとよいでしょう。

　また、レポートを作成する際も、最近は図書館などで書籍《しょせき》をひも解くだけではなく、インターネットを検索《けんさく》して引用したり参考にしたりする場合があるはずです。こうした際、どのページを参考にしたのか、「出典」を記すのはいうまでもないことですが、ニュースサイトの場合は、「http」で始まるＵＲＬ（サイトの住所）をそのまま記しておくのはもちろん、そのサイトをいつ閲覧《えつらん》したのかがわかるように「〇年〇月〇日閲《えつ》覧《らん》」とか「〇年〇月〇日検索《けんさく》」という文言を入れておくことが重要になります。前述したように、検索《けんさく》した時点から、レポートを提出する段階までに、場合によっては内容の一部が更新《こうしん》されたり、サイトそのものが削除《さくじょ》あるいは改変されたりしている可能性が想定されるからです。

(1) 奥村倫弘『ヤフー・トピックスの作り方』(二〇一〇年、光文社) 三一〜六八ページ。

8 統計資料にだまされない

厚生労働省が二〇一四年七月に発表したデータによると、前年二〇一三年の日本人の平均寿命《じゅみょう》は男性が八〇・二一歳《さい》、女性が八六・六一歳《さい》と前年を上回り、日本は長寿《ちょうじゅ》国であるという数値が、毎年更新《こうしん》されていることがわかります。(1) こうした数値は、厚生労働省が公表する「簡易生命表」という資料に基づいています。この表は、日本にいる日本人について、二〇一三年一年間の死亡状況《じょうきょう》が「今後変化しない」と仮定したときに、各年齢《ねんれい》の人が一年以内に死亡する確率や平均を出して、「あと何年生きられるか」という期待値などを死亡率や平均余命などの指標により表したものです。これらは、男女別に各年齢《ねんれい》の人口と死亡数をもとにして計算されています。そして「平均寿命《じゅみょう》」といった場合は、〇歳《ぜろさい》の平均余命のことを指し、すべての年齢《ねんれい》の死亡状況《じょうきょう》を集約したものであることが解説されています。そして、毎年九月の国民の祝日である「敬老の日」が近づくと新聞やテレビのニュースで報じられ、日本の健康や保健の水準がどのような状態にあるかを知るきっかけになっています。

現代の日本では、平均寿命《じゅみょう》が延びつづけ、日本人の四人に一人が六五歳《さい》以上の高齢《こうれい》者で、超高齢《ちょうこうれい》社会になっていることがわかります。たしかに、日本の高齢《こうれい》化は、医《い》療《りょう》技術が年々発達して、病院などでその恩恵《おんけい》を受ける機会に恵《めぐ》まれていたり、発展途上《とじょう》国に比べて街の衛生状態が良好であったりすることが理由として挙げられます。みなさんの自宅のまわりを見ても、一部の地域を除いて、トイレなどは、ほとんどが水洗であるのが当然だという状態になっているのではないでしょうか。みなさんのおじいちゃんやおばあちゃんが若いころは、トイレもくみとり式だった時代がありました。

また、食生活もみなさんが好きなハンバーガーやステーキなど、比《ひ》較的《かくてき》欧米《おうべい》の人たちの食生活に似ており、働き盛りの人でも体脂肪《しぼう》が必要以上についてしまっている人が健康診断《しんだん》で注意されるような事態になっているのが現状です。

ただ、毎年このような報道に接して、たんに日本人の平均寿命《じゅみょう》が延びて、高齢化《こうれい》が進んでいるという現象だけを捉《とら》えては、正確に現代社会を見ているとはいえません。たとえば、みなさんのおじいちゃん、おばあちゃんは元気でお過ごしでしょうか。六五歳《さい》を超《こ》えている人がほとんどだと思いますが、中には「若いころからまったく病気やけがに縁《えん》がない」と自慢《じまん》している人もいるかもしれません。しかし、たいていの人は、高齢《こうれい》になるほどかぜにかかりやすかったり、少しつまずいただけでけがをしたりと、身体が弱くなってくるのが普通《ふつう》です。男女ともに平均寿命《じゅみょう》が延びているというのは、毎日元気で過ごしている人だけではなく、場合によっては長期間、病院に入院したり、福祉施設《ふくししせつ》に入所したり、あるいは、自宅で介護《かいご》を受けている人も含まれるということでもあります。

もちろん、厚生労働省のデータの出し方に誤りがあるわけではありません。このようにたんに公表されたデータを表面的に鵜呑《うの》みにしないことが重要になっていることを覚えておかなければなりません。

もう一つ、ニュースなどを見ていてよく目にするのが、国会議員の選挙の際、投票日の数日前になると、新聞社やテレビ局が自社の世論調査の結果を公表します。二〇一四年一二月に行われた第四七回衆議院選挙の際、報道各社は与党《よとう》の自民党が人気が出ていて、「三〇〇議席を超《こ》える勢い」であると報じていました。しかし、実際は二九一議席と少し足らない結果でした。もちろん、全体からすれば与党《よとう》は「絶対安定多数」の議席を確保して「圧勝」と評価されたことは事実です。しかし、選挙報道などは比較的《ひかくてき》このような結果になりやすい傾向《けいこう》があります。

実際、有権者の人に電話で聞いたり、直接自宅に出向いて意見を聞いたりするのが世論調査の基本です。また、どういう人に聞くのかについても、地域に偏《かたよ》りがないように、報道機関が独自にコンピュータなどを用いて、アトランダムに対象者を選ぶ努力をしています。しかし、実際聞かれると、たとえば、選挙が始まる前から「与党《よとう》が優勢」であると報じられていたりすると、投票に行く前から「与党《よとう》」のほうに心が傾《かたむ》くことは、だれでもあるはずです。仮に別の政党に投票していたとしても、新聞社やテレビ局の腕章《わんしょう》をつけた人から調査を受けると「与党《よとう》に入れた」と答えてしまう人が、まったくいないともかぎりません。

こんな話も実際に経験しました。過去の選挙で、二〇一四年選挙と同じくらい与党《よとう》に勢いがあった選挙で取材していたときですが、ある新聞社の世論調査で、ある地域、選挙区の世論調査結果は野党の候補が優勢であると出ていました。しかし、結果は与《よ》党《とう》の候補が当選しました。選挙後、精査してみると、その新聞社以外の新聞社の世論調査では、与党《よとう》候補が優勢であることが判明していました。

じつは、世論調査で野党候補が優勢と見ていた新聞社は、もともと野党側に近い論調を張っていた新聞社であることが世の中の人たちに知られていました。この新聞社の担当者から質問を受けた有権者は「野党に投票した」と答える傾向《けいこう》にあったのかもしれません。このような現象を「バイアスがかかる」といういい方をします。つまり、あまり意識しなくても人びとの考え方が「固定観念」で偏《かたよ》った結果になってしまうという現象です。二〇一四年の選挙で、投票を終えた人の中には調査に対して、おのずと「与党《よとう》に投票した」と回答した人が少なからずいたことが推察できます。

また、私は首都圏《けん》のとある高速道路の延長計画について、地元の人たちから反対運動が起きたニュースを報じたことがあります。住民の人びとは裁判に訴《うった》えましたが、訴《うった》えは認められませんでした。その裁判の際に原告の住民側が指摘《してき》していたことですが、「高速道路の延長工事をぜひ推進したい」と考えている国の担当者などは、「どうして高速道路を延長する必要があるのか」という根拠《こんきょ》を、いろいろな調査結果を出しながら主張を展開していました。

その「新たな高速道路が必要だ」、という根拠《こんきょ》の中に、「一般《いっぱん》道路が混雑しているので、その緩和《かんわ》に役立つ」といった主旨《しゅし》の主張がありました。そして彼《かれ》らは、一般《いっぱん》道路がどれだけ混雑しているのか、また、高速道路ができることにより、一日どれだけの車が行きかう結果となるか、実際の交通量や推定値をまとめたデータを裁判で出しました。

一方、反対している住民側は「データは一番混雑しているときだけを出して強調しすぎている」といった主旨《しゅし》の主張を展開し、反論しました。「実際、高速道路ができても、それほど一般《いっぱん》道路から高速道路に進路を転換《てんかん》して利用する車は少ないはずだ」というのが住民側の意見でした。

どうにか高速道路を開通させたい、とする側からすれば、とにかく一般道路の最高レベルの混雑状況《じょうきょう》がどれだけかといった数値を出すのは、よくあることかもしれず、決してデータの不正とまではいえないかもしれません。しかし、「現実問題としては、毎日、『最高レベル』の交通量があるわけではないので、高速道路はつくらないでほしい」とする地元住民の見方も理解できるのではないでしょうか。

高速道路建設の賛否はともかく、調査データというのは、主張の内容や立場により、「どのデータを強調するか」によって利用価値や印象がちがってくるということを覚えておいたほうがいいかもしれません。

（1）厚生労働省「平成二五年度簡易生命表の概況」（二〇一四年七月）一〜一二ページ。

コラム②　メールの基本的なかたち

メールを目上の人に送る際、相手に失礼のないよう注意が必要です。たとえば、友だちどうしのようないい回しや絵記号を多く使うのは失礼にあたります。また、最近はネット上では「さんづけ」が基本ですが、親しい間柄でないかぎり「○○様」と表記しましょう。メールも手紙の一種です。さすがに「拝啓」とか「敬具」という言葉は堅苦しくなり、また、要点を端的《たんてき》に伝えるメールの性格から不要かもしれません。しかし、「要点のみ」だからこそ、言葉が足りずに、送られた側を不快に感じさせることがないようにすべきです。

メールの基本例

東京花子先生

○組の大重史朗です。提出するレポートについて、一点伺いたいことがあります。パソコンで「A４用紙５枚以内」ということですが、図や表を入れる場合もこの範囲内という理解でよろしいでしょうか。お忙しい中、申し訳ございませんが、ご教示いただけると幸いです。

○○中学校○組　大重史朗

（メールアドレス）○○○○@△△△△

第3章

図書館を利用しよう

1 自分の町の図書館を利用しよう

みなさんは学年が進むに従い、「自分で調べる」という作業がどのような授業でも必要になってきているのがわかると思います。では、夏休みの宿題などで小説を読んでみようと思ったり、自分が住んでいたり自分の学校がある町の歴史を調べたりしようと思うとき、どのようにしますか。文学や歴史、地理や科学など日々の学習に関連してさらに知識を深めようとする場合や、それに部活動などをしている人だとスポーツのルールなどをあらためて調べようと思うことはよくあることだと思います。

自分で学習やスポーツに関する本をいきなり購入《こうにゅう》するよりも、自分の町の図書館を利用すると、ほとんど経済的な負担をかけずに安心して複数の本を借りることができます。

たとえば、自分が住んでいる町の歴史を調べたいと思ったとき、授業で使っている歴史の教科書やその参考書を調べても、自分の町のことまではなかなか書かれていないのではないかと思います。それはターゲットが日本の政治や経済、社会などの動きを中心に歴史がひも解かれているので、当時の将軍はだれだったのか、日本全体から見て現在まで受《う》け継《つ》がれている文化や伝統はどこまであるのか、などに焦点《しょうてん》を絞《しぼ》った解説がなされています。ですから教科書や参考書では、みなさんが住んでいる町の歴史まではたどり着いていないのが普通《ふつう》です。

しかし、日々の授業の課題や夏休みなどの宿題では、先生から「みなさんの住んでいる町の歴史を調べてみよう」というテーマが出されるのはよくあることです。そのようなときに役に立つのが地元の図書館です。図書館というとみなさんはたんに数多くのジャンルの本がそろっていて、地元の住民を中心に本の貸出を行っている、と考えがちです。しかし、じつは図書館の使い道はそれだけではありません。

たとえば、前述したような町の歴史を調べたい場合、普通《ふつう》に一般《いっぱん》図書の歴史の棚《たな》を調べると、地元の歴史の本が並んでいることがあります。図書館によっては地元の歴史や地理のジャンルの本だけを集めた書棚《しょだな》を用意しているところも少なくありません。

しかし、それだけではなく、図書館によっては地元の歴史に関する研究書や古い古文書などをまとめて「歴史資料室」というような特別な部屋を設けているところもあります。それは、同じ市区町村でも比較的《ひかくてき》大規模な図書館に併設《へいせつ》されている場合が多いです。そうしたところに所蔵されている本や資料を活用すると、地元の歴史に関する資料はたちまち豊富に集められることになります。町の図書館のメリットはこのようなところにもあるのです。

ただし、古い資料などは貸出や館外への持ち出しを禁止していることが多いので、注意が必要です。館内でコピーや写真撮影《さつえい》ができるものや、ノートに書き写すことだけ許可されている場合などまちまちなので、図書館の係の人と相談するとよいでしょう。

前述したような町の図書館の特徴《とくちょう》は、すべての図書館にあてはまるわけではありません。歴史の一項目《こうもく》として全国的に知られるような有名な遺跡《いせき》や貝塚《かいづか》、そのほか衣食住の文化などがある地域を拠点《きょてん》に資料室が設けられていることが多いです。

もちろん町の図書館はそこの土地に住んでいたり、学校や勤務先があるなど、その地域に関係するすべての人が利用できるのが特徴《とくちょう》です。みなさんのような学生の人たち向けに学習参考書もあれば、ビジネスパーソン向けの実用書や家庭で子育てをしている人向けの子育てや料理の本、シニア世代向けの趣味《しゅみ》の本まで多種多様にとり揃《そろ》えられています。

また図書館によりますが、全国紙や地元の新聞（県紙）、一般《いっぱん》向けの雑誌類なども、一か月から三か月、場合によっては一年単位で保管してある図書館もあります。最近では英字新聞も保存されているので、自宅では英字新聞を購読《こうどく》していないけれども、みなさんのように現代文や小論文、英文読解の勉強のためにコラムや社説をまとめて読みたい、まとめてコピーして持ち帰りたいという人にも便利です。

2 図書館の本の配置

図書館の本にはいろいろなラベル（シール）が貼《は》られています。本のジャンル（歴史や自然科学、文学など）による区分けや、さらに同じ「文学」でも日本文学なのか中国文学なのかに国別に分かれます。そしてさらに、「文学」でも小説なのか詩歌なのか、文学の種類によってもまちまちのはずです。多数の本がある中で、本の置かれる場所が決められて、本は整然と並べられています。どうしてそのようなことが可能かというと、利用者が本を探すのに迷わないよう、数字や記号を使って本を分類し、その分類番号をラベルにして本に貼《は》ることで、整然とした本棚が完成しているわけです。

ですから、もし自分が漠然《ばくぜん》と「日本文学の本を探したい」とか「日本の歴史の本を見てみたい」と考えている場合は、図書館の本はたいていこの分類によって書棚《しょだな》が分かれているので、この分類に従って本棚《ほんだな》を探すとよいでしょう。

また図書館の本を見てみると、いくつかのシールが貼《は》られているのがわかります。一つはバーコードラベルです。学校で購入《こうにゅう》した本であることがわかるよう、学校の正式名称《めいしょう》や一冊ずつにつけられた蔵書番号がバーコードと数字で書かれてあるのが普通《ふつう》です。

もう一つは「請求《せいきゅう》記号レベル」というもので、本の背表紙の下部にいくつかの数字（普通《ふつう》は三段階に分けられた数字や記号）がシールに書かれてあります。たとえば文学であれば、最初の三ケタの数字は九〇〇番台であることが普通《ふつう》です。このわけ方は「日本十進分類法」とよばれています。さらに九〇〇番台の「十の位」や「一の位」の数字は文学の中でも日本文学か西洋文学なのか、アメリカ文学なのかの分類、それに小説や物語、詩歌などジャンルに分かれています。

また、シールの中段は著者の苗字《みょうじ》の頭文字であることが多いです。また、一番下段の数字は、物語全集のような場合の巻数を示しています。

図書館には「開架式《かいかしき》」と「閉架式《へいかしき》」があります。前者はほとんどの図書館でみかけるように、本が書棚《しょだな》に並んでいて、利用する人が実際に本を手にとって見ることができる方式です。また、後者は後述するように、自分で本を検索《けんさく》したうえで、請求《せいきゅう》記号などを窓口で申請《しんせい》して、図書館の係の人に奥にある書棚《しょだな》から本をとってきてもらうやり方です。みなさんの学校の図書館や地元の公立図書館などは開架《かいか》式になっているのが普通《ふつう》かもしれませんが、前述したような地元の貴重な歴史資料（史料）などが掲《けい》載《さい》された本は、ほかの本よりもさらにていねいに保存しておく必要があるため、だれでも手にとることができないよう、閉架《へいか》式で保管されていることがあります。開架《かいか》式の場合は、前述した請求《せいきゅう》番号を念頭に置き、書棚《しょだな》の前に行き、興味のある本をめくりながら借りたい本を決めることができます。

3 読みたい本をウェブで検索《けんさく》してから出かける

最近の図書館はデータベースが充実《じゅうじつ》しています。書名や著者名がわかっているとき、あるいはおおよその内容がわかっているときはデータベースで検索《けんさく》して、自分がほしい本がそこにあるかどうかを検索《けんさく》してから図書館に出向くことができるようになりました。仮に地元の図書館に借りたい本がなくても、同じ自治体や協力しあっている図書館どうしなら、日数はかかりますが、とり寄せてもらうことも可能です。

まず、書名（本のタイトル）や著者名がわかっている場合は、データベースの書名や著者名の欄《らん》に入力すれば、地元の図書館に蔵書があるかどうかを検索《けんさく》することができます。また、内容により、自分の興味や関心に合った本があるかどうかを調べるときは「キーワード」検索《けんさく》をすることができます。課題で本箱をつくることが必要な場合は「本箱」とか「つくり方」などと言葉を入力すると、似たようなタイトルの本が検索《けんさく》できるかもしれません。「パスタを調理したい」というときであれば「パスタ」「調理」などと入れてみるとよいでしょう。検索《けんさく》にも工夫が必要で、たとえば、「本箱」「つくり方」だけでは検索《けんさく》できないときは、少し頭を働かせて「日曜大工」とか「ＤＩＹ」などと入れてみると本がみつかるかもしれません。

最近では、市町村ごとの図書館のホームページだけではなく、「カーリル」（https://

calil.jp/〉のように、日本全国の図書館の蔵書やさらに「貸出中」かどうかまで検索《けんさく》できるサイトも出てきているので、大いに参考にしてみましょう。

４ ウェブ書店を利用する

最近は「アマゾン」や「ｈｏｎｔｏ」などインターネット上の書店のほか、大型書店でもインターネットによる検索《けんさく》や注文サービスを行っているところがあります。近所に書店がない地域の人や、多くの本を一度に購入《こうにゅう》するため配送してもらいたい人にとっては便利な存在です。また、「このような本はないだろうか」という漠然《ばくぜん》としたジャンルだけがわかっているような場合、ウェブ書店の場合は前述した図書館の検索《けんさく》のように、本の存在そのものを検索《けんさく》することができるのがとても便利です。

たとえば、夏休みの日々の天気を日記につけてさらに天気の様子や特徴《とくちょう》を探りたい人にとっては、インターネットのサイトで「天気」とか「気象」と打《う》ち込《こ》んでみると、同じキーワードがついたタイトルの本が一度に紹介《しょうかい》されます。天気や気象をテーマにしているものでも、中学生・高校生でもわかりやすい入門書から、大学などの研究者向けの専門書までいろいろ出てくるので、必要に応じてチェックしておくとよいでしょう。

ウェブ書店によっては、その本のタイトルだけでなく、本の目次や内容の一部を閲《えつ》覧《らん》できるしくみになっているものもあります。それらを参考にしてから注文するとよいでしょう。

また、たとえば天気について調べたいときは、天気や気象の専門家にどのような人がいるのかインターネットで検索《けんさく》してみてから、ウェブ書店に戻《もど》ってその人の名前で検索《けんさく》すると、天気や気象の専門家がこれまで書いてきた書物が一度に閲覧《えつらん》できます。必要に応じて入門書なのか専門書なのか、図鑑《ずかん》やマンガが組《く》み込《こ》まれているのがよいのか、あるいは最近出版されたばかりのものにこだわるのか、いろいろ検討してみるとよいでしょう。

さらに、ウェブの書店によっては同じ本でも「新品」のものから「中古本」までを一度に閲覧《えつらん》できるものがあります。たとえば、目次などを検索《けんさく》してみて、ほんの一項《こう》目《もく》だけ参考にしたいという場合などは、新品を買わなくても中古本で十分だという場合があります。ただし、そこで注意するのは、同じ著者で同じタイトルの本だったとしても、年月が経過するに従い、途中《とちゅう》で書き直したり、データを更新《こうしん》したりしてあらためて出版し直した場合があります。そのような場合は値段が安いからといって中古本を購入《こうにゅう》するとデータが古い場合もあるので、「新版《しんぱん》」とか「新訂《しんてい》」、「改訂版《かいていばん》」などと書かれてあるほうを優先することを覚えておいてください。場合によっては年度ごとに新しい本を出していることもあり、そのような場合は「二〇一五年度版」などと書かれてあるのが目印になるでしょう。

以上のような点から、たしかにウェブ書店は便利かもしれません。しかし、街中の書店（リアル書店）にもメリットがあります。それは、本を実際に手にとってみて、内容を確かめることができるという点です。インターネットで検索《けんさく》して、「ぜひ購入《こうにゅう》したい」と思った本でも、いざ中味を見てみたら、自分にはやさしすぎる内容だったとか、その逆であまりにも専門すぎてむずかしい内容だったということはありうる話です。インターネットで表紙だけを見てすぐに購入《こうにゅう》するのではなく、リアル書店で手にとってみて中味を確かめることも大事な作業です。

実際の書店でも、図書館の項目《こうもく》で紹介《しょうかい》したように文学や歴史など項目《こうもく》別に書棚《しょだな》を分けているのが普通《ふつう》です。最近出たばかりで、注目すべき内容の本などはあえて「平積み」してあることが多いので、それをみれば、最近注目されている政治や経済、社会、場合によってはファッションや健康のことなど、どのような問題が注目されているのかも知ることができます。

また、書店に行き同じジャンルの書棚《しょだな》を見ていたら、インターネットの検索《けんさく》では出てこなかった本を発見することがあります。実際の書店で本を眺《なが》めてみて初めて、同じ分野やテーマの本でもいろいろな書き方をした本があることがわかり、いくつかの本を手にとるだけでもとても参考になります。実際、大型書店になると「相談コーナー」も設置されていて、実際のタイトルがわからなくても「このような本が読みたい」と相談すると、該当《がいとう》するかもしれない書棚《しょだな》を案内してくれることがあります。仮に小規模な書店だったとしてもレジの店員に相談できることは、書店のメリットでもあります。

どのような本をどれだけの期間のうちにほしいのかを念頭におきながら、インターネット書店や実際の書店をうまく使い分けていきましょう。

コラム③ メールで誤解を与《あた》えてしまったら

「こちらがメールを出したのになかなか返事が返ってこない」。みなさんにはこのような経験はありませんか。相手のメールボックスによっては、似たようなアドレスが「迷惑メール」として指定されているために、「受信メール」の欄《らん》に届かないケースがあります。目上の人に送るような場合、内容や時期によっては「今、メールを送りました」というメッセージを、あえて電話するなどして、念を押《お》す確認作業が必要な場合があります。

メールでは、長い文章がつづくとどうしても最後まで読んでもらえない恐れがあるため、文章を簡潔に書くことを心がけるのが普《ふ》通《つう》です。逆に文章が短すぎても、相手に誤解を与《あた》える場合があります。たとえば、最近ではスマートフォン（スマホ）でメールを書く機会が多くなってきました。スマホだと一本の指だけでパネルをタッチすることが多いため、長い文章を打つのは疲れる作業です。そのため実際は友人どうしのメールのやりとりのように「それでオーケーです」とか「そうですね」などと一言、二言で返事をすませてしまうケースが見受けられます。しかし、メールを受けとる相手はスマホで見ているとはかぎらず、通常のパソコン画面で見ているかもしれないことを忘れてはなりません。パソコンでメールを受けとった相手は「あまりにも簡単な返信だ」と不快に思うかもしれません。あくまでもメールのやりとりは相手の姿が見えない分、文章をできるだけていねいに書くことを忘れないようにしましょう。

第４章

小論文・レポートの書き方

1 作文と小論文はどこがちがうのか

みなさんは、遠足や修学旅行に行ったときやゴールデンウィークや夏休みが終わってから、作文の課題が出たことがあると思います。また、読書をしたあとに感想文を書くようにいわれたこともあるでしょう。一方、小論文を書く機会も、高校から大学に行くに従い増えると思われます。高校や大学では、たんに出題範囲《はんい》が決められてそこを丸暗記すればよい勉強から、自分で考えて文章を論述していく課題に多く接することになります。

あとに述べるレポートというのがこれにあたりますが、まずは、読書感想文などを含《ふく》む作文と小論文にはどのようにちがうのかを説明します。まず、次の文章を読んでみなさんはどのように感じますか。

《花は桜の花が一番好きだ。早咲《はやざ》きの桜で有名な静岡《しずおか》の河津桜《かわづざくら》は今が見ごろで、今年の桜はここ一〇年の間で一番きれいだ。》

桜の花について、「好き」とか「見ごろ」、「きれい」などの言葉が並んでいます。これらはすべて筆者の感じ方になります。どの花が好きか嫌《きら》いかは、個人の感じ方によるもので、また、見ごろかどうか、きれいかどうかも人によってまちまちのはずです。

このように、自分の体験などをもとに、自分が感じたことや想像したことなどを、思いのままに書く文章を作文といいます。読書をしたあとに、どのような部分がおもしろかったとか、どのような感じ方をした、など自分の考え方や感じ方を書く読書感想文なども作文の一つといえます。

一方、小論文というのは作文とはまったくちがいます。これは、あるテーマについて、自分の意見や主張を客観的な事実やデータ、理論の裏づけをもとに、論理的に述べた文章のことをいいます。大学以降になると、自分の研究テーマに基づいて卒業論文を執筆《しっぴつ》する人がほとんどです。卒業論文などでは、小論文の文字数の何十倍から何百倍もの分量を執筆《しっぴつ》することになりますが、仮に小論文でも「大」論文であっても基本構造は変わりません。

それでは小論文は、みなさんのまわりではどこで接することができるでしょうか。それは、自宅や図書館で見ることができる新聞で小論文を読むことができます。第1章で、新聞記事というのは見出しを中心に、冒頭部《ぼうとう》に近づけば近づくほど大事な要素が掲載《けいさい》されていることを説明しました。つまり、普通《ふつう》の新聞記事は小論文の体裁では書かれていないのが普通《ふつう》です。しかし、三〇ページ以上ある新聞、とくに朝刊の中では、唯一《ゆいいつ》といってもいいほどの小論文が掲載《けいさい》されています。それは「社説」という欄《らん》のことです。

これは、その時点で問題や話題になっている政治や経済、国際、社会問題をはじめ、文化やスポーツまでをも含《ふく》めたテーマについて、新聞社としての意見や主張を掲載《けいさい》するものです。新聞の記事は、事実を報道するのが原則です。記事に対して、記者の解説記事がいっしょに掲載《けいさい》されている場合もありますが、新聞社の意見とは別に扱《あつか》われるのが普通《ふつう》です。これは事実を報道する「記事」と「（新聞社としての）主張や意見」は分けて読者に伝えるという、報道の基本原則があるためです。この社説は、後述するような小論文の構成で書かれているのが普通《ふつう》です。

もちろん、小論文の構成になっているのは、社説ばかりではなく、大学教授やその他の専門家が小論文を書いたもの（たとえば、読売新聞の「論壇《ろんだん》」）や、経済学者などが学生向けに経済の現象や理論を比較的《ひかくてき》わかりやすく解説したもの（たとえば日本経済新聞の「経済教室」）なども掲載《けいさい》されています。しかし、社説は新聞であれば毎日かならず一つのテーマがおおよそ一〇〇〇字程度の分量で、一日の朝刊で二つのテーマがとり上げられるのが普通《ふつう》です。国政選挙や新しい内閣が発足した直後など比較的大きなニュースがあった直後は、二つの分量で一つのテーマだけを重点的に論じる場合もあります。

ただし、新聞の社説はみなさんの勉強にも役に立ちますが、基本的には社会人の人が読むことを前提として書かれてあるため、かならずしもどの社説であっても、あとに述べる「序論」や「本論」「結論」の順番で構成されているとはかぎらないことを、理解しておくことが必要です。

また、前述したように、作文とのちがいの一つとして、客観的な事実やデータ、理論の裏づけをもとに書かれてあることが小論文の特徴《とくちょう》です。

たとえば、二〇一四年九月時点での六五歳《さい》以上の高齢《こうれい》者は二五・九%で、もはや日本人四人に一人が六五歳《さい》以上といった超高齢《ちょうこうれい》社会になりました。[1]これは、公的な統計数値であり、明らかに変更《へんこう》できるものではありません。そうしたデータは、出典（後の項《こう》で詳述《しょうじゅつ》します）を示したうえで、用いる（「引用する」といいます）とよいでしょう。また、データとはこのような公的な調査結果に基づくものだけではありません。実際に自分で実験をしてみた結果や、多数の人にアンケート調査などをした結果なども客観的なデータといえます。このようなデータを示したのが小論文であり、そこが自分の感想などを中心に述べる作文とは大いにちがう点です。こうした小論文の基本的な考え方は、卒業論文などページ数の多い論文になっても同じことがいえます。

小論文といっても、いきなり「～について論じなさい」というような課題だけが知らされるとはかぎりません。たとえば、課題となっている書籍《しょせき》などを何冊か読み、筆者のいいたいこと（要旨《ようし》）を把握《はあく》し、文章としてまとめたうえで、それを前提として自分の意見を書くというパターンがあります。入試では課題文を読んでから小論文を執筆する形式がよくあります。また、表やグラフなど複数のデータがあらかじめ用意され、その特徴《とくちょう》は何か、読みとれることは何かを前提として、あなたの意見を書くパターンもあります。さらに、客観的な事実や実験のデータ、アンケート調査の結果などを踏《ふ》まえて自分の意見を書くパターンもあります。

いずれにしても課題やデータが何をいおうとしているのか、どのような意味があるのかを正確に把握《はあく》する力を養うことが重要です。国語で現代文の文章を読むことや、社会科で政治や経済、社会の動きなどの基本事項《じこう》を学び、人間社会の動きや自分の人生との関わりについて、日ごろから考えておくことが必要です。

（1）「高齢者の人口」総務省統計局　http://www.stat.go.jp/data/topics/topi841.htm（二〇一四年一二月二四日閲覧）。

2 小論文はどのように書いたらいいのか

小論文の基本は、まずは「序論」「本論」「結論」の三ステップで書くことが大事になります。

○ 序論

まず、小論文全体に対して、自分で読み手に対して「問題提起」をします。もし、課題文が指定されていたり、課題文の要旨《ようし》をあらかじめまとめたりする作業があれば、読みとれることを簡単にまとめておくことも必要です。

○ 本論

課題に沿った現状を示しながら、自分の意見を展開していく部分です。文章全体が抽象《ちゅうしょう》的で、何をいいたいのかわからなくならないよう、具体例やあなた自身のエピソードを盛《も》り込《こ》むことも大切です。さらに、あなたの主張とは別の反論が予想される場合は、それについて意見をまとめておくことも大事です。「たしかに～ではあるが」と、そのような反対意見（対論）もあることは想定している、という立場を明確にしておくことです。

○結論

自分の意見をまとめる部分です。序論から本論と論を展開してきた「まとめ」になります。序論で「問題提起」した事柄《ことがら》について、「その答え」を書く部分でもあります。

おおよその構成についてはわかったと思います。それでは実際、小論文はどのように書けばよいのでしょうか。

まず、時間がかぎられているテストのときなどは、とかく気持ちが焦《あせ》りがちです。

しかし、いきなり書き始めないことがとても重要です。

課題を把握《はあく》する

授業やテストで小論文の課題が出たら、まずは、課題を把握《はあく》することが大事です。どのようなテーマで、どのような結論を導く必要があるのか、出題者はどのような方向で書かせたいのかを読みとることが大事になります。

課題文などがある場合は、その文章で、①事実は何か、②具体例やエピソードはどの部分か、③筆者の意見や主張は何か、を把握《はあく》し、③を前提に自分の意見を展開していくことがカギになります。

メモをつくってみる

文章を書くにあたり、いきなり原稿《げんこう》用紙にシャープペンで文字を書き始める人がいます。たしかにテストの場合などは時間制限があるので、焦《あせ》る気持ちはわかります。しかし、文章を書くにあたっては、原稿《げんこう》用紙に文字を埋《う》める前に、かならずメモをつくってから原稿《げんこう》用紙に書き始めるクセをつけましょう。ビルや家を建てる際、設計図をまったく書かずに建て始めたらどうなるでしょうか。途中《とちゅう》で材料の長さや大きさ、角度などが合わなくなり、工事を中断せざるをえなくなるはずです。

小論文とて同じことです。小論文を書き始める前にメモをつくるというのは、文章の設計図を書くことです。「序論」ではどのような書き出しをしようか、「本論」にはどのような具体例を盛《も》り込《こ》もうか、そして、最終的に「結論」はどのような方向でもっていこうかと、文章全体の方向性を見定め、データを入れていくのです。

メモをつくる際には、「５Ｗ１Ｈ」が大事になります。いつ（when）、どこで（where）、だれが（who）何を（what）、なぜ（why）、どのようにして（how）、を考えながらメモを広げていくことになります。

そして、どのデータが使えるのか、考えをめぐらすのです。文章を書く場合、「データ」というのはかならずしも数値のデータとはかぎりません。読書から得た知識や経験に基づくエピソードなどすべてが、メモに盛《も》り込《こ》む「データ」となります。タイミングよく、課題に即《そく》したデータを盛《も》り込《こ》めるかが、小論文を「書く力」に比例するといえます。

メモをつくる際は、全体の文章構成を考える必要があります。前述した、「序論」「本論」「結論」というのは、あくまでも内容に即《そく》した構成という意味で、何がなんでも三段落で書くこと、というわけでは決してありません。たとえば、本論でも内容や字数に応じて二〜三段落に分けることも可能です。合計で八〇〇字程度の制限字数だったとしても、最終的に序論から結論まで四〜五段落になっても構わないのです。

誤字脱字《だつじ》はNG。指定字数の九割以上は書き込《か こ》む

小論文にかぎらず、文章を書く際は、それがテストでなくても誤字脱字《だつじ》はないことが原則です。日ごろから授業で出てくる漢字や、読書や新聞を読んだ際に出てくる漢字はまちがえないようにしなければなりません。また、解説書の中には指定字数の

「八割以上は書く」と指定しているものがあります。しかし、八〇〇字や一〇〇〇字レベルの指定字数で八割しか書かないというのは、最後の部分で余白が生じてしまい、読み手に「もっと何か書けたのではないか」と不満を抱かせてしまいます。私は、指定字数の九割以上は最低でも書《か》き込《こ》むことをお勧《すす》めします。

最低限のルールを守ろう

原稿《げんこう》用紙の使い方などは国語の授業で習うかもしれませんが、ここでは文章を書く際の最低限のルールとして確認しておきます。

①段落の最初は一マス空ける（内容要約の場合は、改行はしない）

前述したように、「序論」「本論」「結論」の文章構成をとる際、内容に応じて「一区切りついたほうがいい」と思われる場合、行を変えて（改行といいます）、気持ちを新たにして書き始めます。改行した際は、改行していることをわかりやすくするため、改行直後の文頭は一マス空けることを忘れないようにしましょう。ただし、入試問題などの課題を書いていて、語句の説明や内容の要約が求められている場合、改行は必要ありません。

②文頭に句読点や閉じかっこを書かない

文章を書いていて「、」（読点）や「。」（句点）、「　」（カギカッコ）などが次の行に差《さ》し掛《か》かることがあります。句読点やカギカッコは行の最後のマス目の右下に記すようにして、句読点やカギカッコだけが次の行の文頭に来ないように注意が必要です。また、「　」（カギカッコ）は話し言葉、『　』（二重カギカッコ）は本のタイトル（論文はカギカッコ）で後述する参考文献《ぶんけん》などを記す際に用います。そのときの気分で使い分けてはいけません。

③課題文の引用など、特殊《とくしゅ》な事情がないかぎり「?」や「!」は使わない

日本語の文章では、英文のように「?」（疑《ぎ》問符《もんふ》）や「!」（感嘆符《かんたんふ》）は用いません。

小説やエッセーなどをそのまま引用する場合は別ですが、小論文ではめったにないことです。疑問を呈《てい》したり、強調したりする文章を書きたいのなら、記号に任せるのではなく、文章の中味で意思や考えを示す努力が必要です。

④ 英文は横書きが原則

英文は横書きにするのが原則です。一マスに小文字なら二文字、大文字なら一文字書くのが原則です。たとえば、Japanという単語ならJは一マスであとの四文字が二文字ずつです。端数《はすう》が出た場合は臨機応変に対応します。単語と単語の間は一マスあけ、ピリオドなどは一マス分使います。ただし、国や国際機関などで、たとえばＷＨＯ（World Health Organization：世界保健機関）とか、ＮＨＫ（日本放送協会）のような短い固有名詞を使う際は、そのまま縦書きにすることもあります。

3 人に読ませるための工夫

みなさんが小論文を書く際、注意しなければならないことは、読み手の人たちは「あなた」が小論文を書きあげるまでにどれだけの研究や調査をしたか、表現にどのような工夫を加えたか、どのような点に苦労したか、といった点をまったく知らないということです。ですから大事なのは「この程度のことは説明しなくてもわかってくれるのでは」と考え、説明を省いてしまうことは絶対にしてはいけません。読み手の人は仮に親や兄弟姉妹、担任の先生など、あなたと日ごろ比較的《ひかくてき》多くの時間接している人であっても説明は不可欠です。ましてや、まったく会う機会がない人びとに対してならなおさらていねいに説明する必要があるはずです。これを忘れないでいてください。

最近は一般《いっぱん》の人たちが裁判に参加する機会が増えました。裁判員裁判といって、会社員や主婦、自営業の人や学生など、選挙権をもっている一般《いっぱん》の人がプロの裁判官といっしょに、刑事《けいじ》事件を起こした被告《ひこく》人がどの程度罪を償《つぐな》うことが必要かをよく吟味《ぎんみ》して、判決を出す過程すべてに市民の立場から参加するのです。

この裁判員裁判は二〇〇九年から始まりましたが、この制度の開始にともない、裁判に変化が見られました。裁判官とともに裁判員として参加する一般《いっぱん》市民は、法律の専門家ではありません。そこで、いきなりむずかしい法律用語や刑事《けいじ》事件の証拠《しょうこ》物を目にしても、理解できないことが多いはずです。そこで裁判に参加する裁判官や検察官、弁護士ら法曹《ほうそう》三者といわれる人たちは、裁判員にわかりやすい審理《しんり》を進めるため、イラストを提示したり、図式にしたり、法律用語を私たちが日ごろ使うような普《ふ》通《つう》の日本語に直したりと、いろいろ工夫を加えました。そして、裁判員でなくとも、たんに傍聴《ぼうちょう》者として裁判を見学している人にもわかるようにしたのです。

もし、裁判員制度が始まらなければ、このような動きはなかったものと思われます。難解な法律用語が並んでいる裁判資料を、検察官や弁護士が法廷《ほうてい》で読み上げる際も、「裁判は法律の専門家に任せておけば大丈夫《だいじょうぶ》」といった印象が強く、傍聴《ぼうちょう》席で取材をつづけている、比較的《ひかくてき》裁判取材の場数を踏《ふ》んだ取材記者でも、何を話し合っているのかわからない場面が少なくありませんでした。しかし、法曹《ほうそう》三者は「国民の司法への参加」を推進するために始まった裁判員制度であることを認識し、裁判を私たちに身近なものに近づけるため、むずかしい言葉をなるべく使わないよう努力をしたのです。そして、今日のような裁判員制度がつづいています。

みなさんも文章をつくるときは、専門用語は用いないかもしれませんが、どんな人が読んでも、仮に「あなた」のことなど知らない人が読んでもすぐに「頭にストーリーが入る」、「情景が思い浮《う》かぶ」といった文章を書くことを心がけてください。

それでは、あなたをまったく知らない人が読んでも、すぐにわかってもらえる文章とは、どのようなものでしょうか。

4 どんな人にもすぐに理解してもらえる文章とは

論文構成（序論・本論・結論）がしっかりしている

前述したような文章の構成をしっかりすることが重要です。「私は話しをするのが得意だから」と話好きを自慢《じまん》できる人だからといっても、相手にわかりやすい文章の書き方（あるいは話し方）をしているとはかぎりません。まずは、文章構成の原則である、「序論」「本論」「結論」の順に文章をまとめる、そのためのメモづくりをすることが大事です。

論理的に展開している（たんなる作文になっていない）

とくに小論文の場合は、「序論」「本論」「結論」といった原則を守ることが大事になります。思いついたままで、感じたことなどを思いのままに述べては論理的とはいえません。日ごろから新聞の社説のような硬《かた》い文章に、できるだけ慣れておくことです。

論理の自己矛盾《むじゅん》はない（「序論」と「結論」でいいたいことが一致《いっち》している）

みなさんはときどき、文章を書いていて、「途中《とちゅう》から書く方向がちがった」とか「途中《とちゅう》で何を書いているのか、わからなくなった」という経験はありませんか。そうなると小論文というよりも、一つの文章として「つじつまが合わなくなっている」ということになります。こうならないためにも、文章の設計図であるメモを書いて、全体の構成を練ってから書き始めることが重要なのはいうまでもありません。その際、「序論」で自分が「問題提起」したことの答えがきちんと「結論」で導き出されているかを考えることが必要になります。論理的な文章というのは、「序論」で打ち上げた問題点（課題）と、最終的に自分で導いた「結論」とは向いている方向（方向性）が同じでなければなりません。

たとえば、簡単な例を用いて説明してみます。あるとき、あなたが友だちから「どのようなスイーツが好きか」と聞かれたとき、どう答えますか。「アイスクリームです」とか「ドーナッツです」と答えるかもしれません。しかし、「どのようなスイーツが好きか」と聞かれて、「新幹線です」と答える人はいません。しかし、「序論」と「結論」を読んでいると、これほどでなくても質問と答えの方向性がずれているものが少なくありません。しかし、答え方として「○○駅の新幹線のホームで限定販売《はんばい》されているアイスクリームです」と答えたとしたら、より具体的で、わかりやすい説明となるかもしれません。

スイーツと新幹線の話は極端《きょくたん》かもしれませんが、「書く方向がちがった」というのは、途中《とちゅう》から書く方向が別の方向を向いてきたことになり、論理的に矛盾《むじゅん》が生じたことだといえます。論文としては残念な結果になるので、構想の段階から注意が必要です。

テーマに沿った論点をおさえたうえで論じている

論理矛盾《むじゅん》がない文章を書くためには、どのようなテーマを書くように指示をされているのか、担当の先生の質問の仕方や、入試などでは設問から読みとることが大事です。課題文などを読んでから自分の意見を述べるときなどはとくに、課題文の筆者が何をいいたいのかをきちんと読みとってから自分の意見を述べることが大切です。仮にすばらしい文章を書いていても、課題やテーマに即《そく》していなければ、前項《ぜんこう》のような論理矛盾《むじゅん》を起こしていることになります。

自分の意見はきちんと伝えている

小論文は作文とちがい、客観的な事実やデータに基づいて、自分の意見や主張を述べることが基本です。たんに「感じたこと」ではなく、自分の意見を全面的に出すことが大事になります。

文章の基本的な決まりが守れている

前述したように、字数制限を守るだけでなく、字数制限の九割は書《か》き込《こ》むこと、誤字脱字《だつじ》は絶対になくす努力をしてください。記号や原稿《げんこう》用紙の使い方、は前項《ぜんこう》で述べたとおりです。

参考　短い文章のとき許される二部構成の文章

要旨《ようし》をまとめるわけではなく、あくまでも自分の意見を論述する際、指定文字数が三〇〇文字程度より少ない場合、かならずしも「序論」「本論」「結論」の三部構成でなくても大丈夫《だいじょうぶ》なことがあります。あまり指定字数が少ないと、そのそれぞれが一文ずつの箇条《かじょう》書きになってしまう可能性が高いためです。あくまでも論述の基本は「序論」「本論」「結論」を原則としますが、次の（イ）と（ロ）のような例外的な方法もあることを覚えておくとよいでしょう。

（イ）頭括型《とうかつ》…最初に自分の意見を述べる方法
①意見や主張（主題）→②具体的な事実（説明）

（ロ）尾括型《びかつ》…最後に自分の意見を述べる方法
①具体的な事実（説明）→②意見や主張（主題）

5 レポートを論理的に書く

レポートは事実やデータをもとに客観的に書くことが基本になります。そこで、これまで説明した小論文の書き方がレポートを書く際も応用できることを確認しましょう。

① テーマを決める

テーマは担当の先生から出される場合と、自分で決める場合の二つがあります。前者の場合は、前項《ぜんこう》で述べたように、どのようなテーマで、最終的にどういった方向で結論を導けばよいのかを正確に把握《はあく》するようにします。これは社会人になっても大切なことです。社会人になると「レポート」から「報告書」といった名前に変わりますが、基本的には同じ性質のものです。

後者の場合は、これまでの授業を踏《ふ》まえたうえで、自分でテーマを決めるのか、あるいはまったく自由に決めてよいのかを把握《はあく》します。そして、文献《ぶんけん》やインターネットのサイトなどを調べて自分でテーマなどを絞《しぼ》り込《こ》むことから始めます。

② 自分で調べることの大切さ

前述したように、レポートは小論文のように事実やデータの裏づけが必要になります。入学試験などの場面で、八〇〇字前後で小論文を執筆《しっぴつ》するときは、自分が新聞などでこれまでに入手した「知識の引き出し」から課題のテーマに沿った事実やエピソードなどを制限時間内に盛《も》り込《こ》むことになります。しかし、これは時間が極端《きょくたん》にかぎられた試験場でのことであり、本来の論文作成やレポートの基本は自分で「調べる」作業が必要になります。「調べてから書く」というのがレポートの基本です。

③ 何を調べればよいか

まず、テーマを決める際に、そのテーマはどのような「現状」なのか、それについてどのような「解釈《かいしやく》」がなされているのか、その理由は何か、さらに、その「解釈《かいしやく》」について「反対の意見」などはないか、を同時に調べる必要があります。後述しますが、それには図書館などでの書籍《しよせき》（または研究者の書いた論文などの文献《ぶんけん》）のほか、インターネットで検索《けんさく》してみることが必要になります。

もし、あなたが「少子化」とか「人口減少時代」についてレポートを書きたいと考えたとき、どのようなデータを集めますか。

たとえば、最近は子どもの数が少なくなり、第一次ベビーブームといわれた一九四七年には合計特殊《とくしゆ》出生率（一人の女性が一生に産む子どもの数）が四・五四だったのに対し、二〇一三年には一・四三にまで減少したというデータがあります。

こうした出生率の推移など数値的なデータが必要です。そして、どうして少子化が進むのかを考える場合、「格差社会」がつづいていることや、一九九〇年以降、長引く不《ふ》況《きよう》の存在、そして、「女性の社会進出」する機会が増えていることなど、いろいろな原因が考えられると思います。それぞれの現状はどのようなもので、専門家や評論家はどのような意見をもっているでしょうか。またその理由は何でしょうか。また、そうした意見について反論などはないでしょうか。

そして次に、自分の意見をまとめてみます。どのような意見があり、自分の意見をまとめるにあたり、自分なりに仮の意見（仮説）を立ててみて、その理由を明確にしておくと結論が導きやすくなります。

さらに、少子化時代についてとり上げるなら、「日本の将来像」や「私たちにできること」など自分なりの提案をしてみるのも一つの方法です。

これがもし、科学の分野でレポートを書くのであれば、実際に実験をしてみてデータを集めることが必要になります。また、社会の出来事を調べる際、五〇人、一〇〇人単位でさまざまな立場の人に意見を聞いてみるアンケート調査の手法もあります。これが「客観的な事実の積み重ね」になります。

実験や調査をする際は、かならず、実験の節目での結果や外部の人にインタビューした記録はかならずノートにつけておくことが必要です。

④ レポートの構成の基本は小論文

レポートを書く際の基本は、前述したように「序論」「本論」「結論」という順に論を展開することが基本になります。

○「序論」……テーマについて、現状に軽く触《ふ》れ、どうしてこのテーマにしたのか、問題はどこにあるのか、などを述べます。「結論」で導きだせるようなテーマを用いて「問題提起」をしていきます。

○「本論」……まず、あなたの主張を「結論」で導くために、調べたデータを紹介《しょうかい》し、客観的な実験や調査結果のデータやエピソードを盛《も》り込《こ》みます。

さらに、自分の主張の理由（論拠《ろんきょ》）とそれとは別の方向の意見、想定される反論なども紹介《しょうかい》します。

○「結論」……これまで調べた現状や客観的な事実の簡単なまとめをしたうえで、

自分で「序論」で立てた「問題提起」に答えるまとめ方をします。

そして、論を展開していく「本論」に八割程度をあてるようにするとよいでしょう。

一概《いちがい》にはいえませんが、おおむね「序論」と「結論」が全体の一割から二割程度、ただし、これらの割合はあくまで目安であり、書き始める前から分量に応じて枠《わく》を区切らないほうが、書きやすいでしょう。

最近のレポートは、パソコンで執筆《しっぴつ》してもよいというケースが少なくありません。パソコンの長所は、文章を部分的に削《けず》ったり、加えたりすることが、鉛筆《えんぴつ》の手書きよりも簡単にできることです。何度でも見直し（推敲《すいこう》といいます）、手を加え、磨《みが》き上げ（ブラッシュアップ）ていくことが重要です。うまく書けたと思っても、一日おいて自分で見直すと、直したほうがよい部分や、まだ調べ足りない部分が浮《う》き彫《ぼ》りになることが多いのです。これはプロの記者や作家でも、時間の許すかぎり行う作業です。

また、小論文と同じように、誤字脱字《ごじだつじ》（パソコンの変換《へんかん》ミスも含《ふく》む）はもちろん、話し言葉などを思わず使っていないかもチェックする必要があります。

⑤ 小論文より時間をかける「メモづくり」（マインドマップも有効）

小論文と同じくレポート執筆《しっぴつ》の最初に行うことは、レポートの構成をどうするか、どのようなデータを盛《も》り込《こ》むかといった「設計図」づくり、つまりは構想を練りながらつくるメモがあとになって重要になってきます。

試験などで時間制限のある小論文とちがい、レポートの場合は提出までに時間があるケースがほとんどですので、メモづくりにじっくり専念しましょう。自分でテーマを決める際は、大きめの紙やノートに思いつく言葉やデータなどを書き出して、そこから何が連想されるか、大きな木の枝をいくつも伸《の》ばしていくように、言葉を並べていくのも一つの方法で、これはマインドマップとよばれています。

では、小論文やレポートの課題に応じて、思い浮かんだことについて、マインドマップを用いて、どのようにメモをつくっていったらよいでしょうか。「格差社会についての意見をまとめる」ことを前提に考えてみましょう。

マインドマップを用いてメモをつくろう

《課題》

現代社会は格差社会といわれています。どのような問題点と解決策があるか、あなたの意見をまとめなさい。

《ある生徒のマインドマップ》

[序論] どんな格差があるのか?
○格差→階級の格差→貧富の差、収入→教育・医療→都市と地方

[本論] 格差があると何が問題なのか?
○問題点→格差が長い間つづいている。
▽仕事がある人とない人がいる→貧富の差が激しい
▽仕事についても正社員の人と非正規社員の人に分かれる
→一度非正規になると正社員になりにくい(二極化)→格差が固定しまう(←問題!)

[結論] 解決策は?
○解決策→格差をなくす
正規社員→一定の給料がもらえる
非正規社員→仕事が不定期で収入も不安定⇒なくすべき

⇒仕事をみんなで分け合えばよいのではないか。
▽会社→賃金を上げる→非正規社員を正社員にする→みんなで仕事を分け合う
▽社会の制度→最低賃金を高くする→ハローワークで仕事を進める
→仕事のスキル(パソコンや英語)の講習会を開いて仕事に就きやすくする

⑥引用文献《ぶんけん》・参考文献《ぶんけん》を最後に記載《きさい》する

みなさんが調べものをしてからレポートを書く際に、研究者などの書物や論文を参考にする機会が多いはずです。レポートの参考にする研究者の書物などは、研究者が長い期間をかけて研究してきた功績です。みなさんがレポートを書く際、その「功績」を参考にするのは大いに結構です。人文、社会、自然科学などあらゆる学問の世界において、これまでの研究者の功績、研究成果を参考にすることはとてもよいことです。しかし、引用したり、参考にしたりしたことを明確に示さずに、いかにも自分が初めて考えついたことのように書いては、他人の研究成果を盗《ぬす》んだことになってしまいます（これを剽窃《ひょうせつ》といいます）。

○引用する場合……　引用した部分がわかるように「　」（一重カギカッコ）で囲んだり、斜体《しゃたい》にしたりする、あるいは引用する部分の前後を一行空けて、文頭を下げるやり方などがあります。正確に、一文字たりともちがわないようにするのが引用です。万が一誤字脱字《ごじだつじ》があったとしても「（原文ママ）」とつけ加えてそのまま書き写すことが大事です。

そして、引用文の最後には著者の苗字《みようじ》やその書物が発行された年、ページ数を書きます。数字は縦書きのときには漢数字を、横書きのときには半角数字を使うのが普通《ふつう》です。そして最後にどのような文献《ぶんけん》なのか、書名や作者名をくわしく「文献《ぶんけん》リスト（文献表《ぶんけん》）」として書いておきます。

【文献《ぶんけん》の引用例】

「多文化共生」の社会を実現させるためには、今後、「日本人が、移住してきている外国人を名実ともに同じ『生活者』として受け入れる考え方をもつ意識改革が迫られている」（大重、二〇一四年、一八四ページ）

（「大重という著者で、二〇一四年に出版された著書の中の一八四ページからの引用」という意味。引用ページが複数になる場合は「一八四～一八五ページ」のようにチルダで記す）

【文献《ぶんけん》リスト】

（引用例をさらにくわしく表にした一項目《こうもく》として書名や著者名を正確に記した書き方）

引用・参考文献《ぶんけん》
大重史朗、二〇一四年、「日本の多文化共生のあるべき姿」、『「移民時代」の日本のこれから――現代社会と多文化共生』揺籃社、一八四頁。

（著者のほかに編者がいる場合は書名のあとに「○○○○編、」と記す）

○参考にする場合……「参考」とは書物の内容をそのまま引用するのではなく、自分なりに要約してから書くことです。参考文献《ぶんけん》の内容を書く場合は、「～によれば」などと作者の名前をいれ、最後に引用文献《ぶんけん》のときのように出典を簡単に記します。そして、くわしい書名や作者名などは引用と同じく、レポートの最後に「文献《ぶんけん》リスト（文献表《ぶんけん》）」として書いておきます。

【文献《ぶんけん》の参考例】

大重史朗によれば、「多文化共生」の社会実現のためには、日本人が外国人を「生活者」として受け入れることが必要だという（大重　二〇一四年）。

（著者名はフルネームで書き、「～によれば」以下は内容の要約でよい）

最後に前述した文献《ぶんけん》リストに書名など詳細《しょうさい》を記しておくこと。

⑦インターネットからの「コピー＆ペースト」

他人の書物の無断引用はしてはならないことは前述したとおりですが、インターネットで調べた際もどこのサイトからの引用なのか、引用や参考元のＵＲＬをかならず書いておきましょう。また、書物やインターネットのサイトになっていなくても、友だちや先輩《せんぱい》がすでに書いたものをそのまま写すのも不正にあたるので注意が必要です。

最近は官公庁や調査機関などが報告書をインターネットで公表していたり、研究者の論文集もウェブ公開したりしているものが多くなってきました。インターネット上での文書も注釈《ちゅうしゃく》をつけて文献《ぶんけん》リストに挙げておくことが必要です。

【インターネットで公開されているデータの文献《ぶんけん》リストの一項目《こうもく》（例）】

外国人集住都市、二〇一四年、「外国人集住都市会議の概要」、http://www.shujutoshi.jp/gaiyou/index.htm　（二〇一四年一二月三〇日閲覧《えつらん》）

（⇒ネットの場合は情報が随時《ずいじ》更新《こうしん》されることが予想されるので、サイトを閲覧《えつらん》した日付を記しておく。「閲覧《えつらん》」を「検索《けんさく》」、「アクセス」、「取得」などと記してもよい）

［注意］「参考文献」や「引用文献」の記し方は、論文の書き方を解説した書籍や学術学会の慣例などにより、少しずつちがいが見られます。表記のしかたが不明なときは、指導される先生の指示に従ってください。

コラム④ 添付ファイルのつけ方

　最近ではレポートなどを提出する際、先生に直接手渡《わた》すのではなく、パソコンのワードソフトで書いたレポートを先生のメールに送るように、締め切《しき》り期日とともに指定されることがあります。その場合、メールに「文書ファイル」を添付して送信するのが普通《ふつう》です。重要なのは、①添付ファイルには何の文書が入っているのか、短く端的《たんてき》にタイトルをつけておく、②添付ファイルで文書を送ることをメールの文書として伝える、の二点です。

　たとえば、夏休みの宿題ならばその旨を書いておくのと、自分の名前をつけておくのを忘れないようにしましょう。先生には多くの学生からメールが送られてくるので、だれから送られてきたファイルなのかわかるようにしておくことが大事です。「夏期課題・読書感想文（○組大重）」のように記しておきます。タイトルのつけ方や書式について指定されるケースもあるので指示に従いましょう。また、メール本文にも課題提出であることを記しておきましょう。

第5章

クラスメートの前で発表するコツ

1 発表することの意義

学校で、自分が調べた研究内容やその結果を、人前で発表する機会があります。これをプレゼンテーション（略して「プレゼン」）といいます。取材する記者も、最近では取材をしたあとに、自分が所属する新聞社や出版社、テレビ局などで記事や番組にするだけでなく、これまでの経験を踏《ふ》まえて読者や地域の住民の人びとに一定の時間、講演する機会も多くなりました。その際はたんにこれまでの記事や番組の一部を見てもらうだけでなく、あらためて自分がこれまで調べてきたことを再構成して、講演会やシンポジウムで発表する機会が増えています。そこで、取材活動をしている記者などが発表するとき、どのような工夫をしているのかを紹介《しょうかい》したいと思います。

みなさんがプレゼンをするときはどんなときでしょうか。それは、クラスメートなど多くの聞き手を前に、研究や調査をした成果、文献《ぶんけん》の内容、あるいは自分の主張を発表するケースが考えられます。プレゼンはたんに学生時代だけでなく、社会人になってからも、たとえば新たな営業目標を立てたときや、新しい事業に向けてどのような方針で活動していけばよいのかについて、グループや個人で考えたアイデアを発表する機会などがあります。あるいは、営業の成果が「あった」、あるいは「なかった」ときにその原因を追究し、今後いい方向に会社の仕事が向いていくようにするにはどうしたらよいのか、対策を練る際にもプレゼンは大事なステップになります。

② グループワークを通して自分の考えをまとめる

自分の意見をまとめて発表しようと思うとき、クラスメートといっしょに考えを出し合い、解決策を導くグループワークという方法が有効です。発表する前の段階において先生の指示に従って、授業中にグループワークを行う場合もありますが、自分の意見がなかなかまとまらないときに、休み時間などを使って友だちどうしで議論する場を設けることは、自分の意見をはっきりさせることにつながり、とても有意義なことです。

また、自分一人だけで考えていたことを、一度口に出してみるだけでも、「自分は何がわからないのか」について整理することができます。友だちの意見を聞きながら、さらに自分の考えを深めていくことができるのもグループワークの特徴《とくちょう》です。学生時代だけでなく、仕事についてからも会議のような場面で、同じような作業が行われるので、グループで意見を出し合い、考えを整理し、まとめていく作業に慣れておくことは、とても重要なことです。

グループワークをする際は、まず、だれか一人が司会進行役（ファシリテーターともいいます）をつとめると、議論を早くすすめることができます。また、グループワークをする際は、人数が多いと意見がなかなかまとまらなかったり、積極的に意見をいう人とそうでない人の差が激しくなったりします。また、人数が少なすぎても刺《し》激《げき》がなさすぎてグループワークをする意味が薄れてしまいます。最低でも三人、多くても六人程度がグループワークに適している人数だと考えられます。

また、グループワークをする際には、次のような約束事が必要になります。

司会進行役の人に従う

司会進行役になった人は、グループワークに参加している人が公平に意見を述べるようにすることが大事です。また、議論がまとまらないような場面やなかなか思うように意見が出づらい場合などは、積極的に自分でエピソードなどを紹介《しょうかい》しながら、議論の方向を示していくことが重要になります。

意見は公平に出し合う

意見を出す際は、自分の意見だけを長い時間をかけて述べるだけでは議論になりません。「今はどのようなテーマを中心に話し合われているのか」とか「相手の人はどういう意見をもっているのか」をつねに意識し、回りの状況《じょうきょう》をつかみ議論に参加することが大事です。

出された意見をノートや模造紙にまとめる

だれが、どのような意見を述べているのかを把握《はあく》するため、各自のノートに発言者の名前やそのコメントを簡単にメモしながら、自分の意見を出していくと、議論に参加しやすくなります。先生の指示により大きな模造紙などを机いっぱいに広げて、参加者が発言しながら、自分の意見のキーワードなどを参加者全員に見えるように、サインペンなどを使い簡単に書き込《かこ》みながら、全員の考えをまとめていくとよいでしょう。

相手の意見に疑問点をみつけながら聞く

グループワークでは、相手の意見にも耳を傾《かたむ》け、つねに「何か不明点や疑問点はないか」を考えながら聞くようにしましょう。ただし、相手の意見に対して「あげあし」をとるのではなく、あくまでも「このような意見やデータもあるけれど、それについてはどう考えますか」と相手の意見を尊重しつつも、反論などを出していくとよいでしょう。

反論を出す場合は、かならず「代案」を示す

ほかの参加者の意見に対して、疑問や反論を述べる場合、たんに相手のいうことを指摘《してき》するだけでなく、「このような考え方もあるのではないですか」とかならず代案を出すことを心がけると、議論がさらに深まります。たんに相手に反論しているだけでは、他の人も意見を出しづらい雰囲気《ふんいき》となり、議論が止まってしまうことになりかねないので、注意が必要です。

3 論理展開を大事にした発表のしかた

人前で発表するときは、ただ思いつきで話しても、何がいいたいのかクラスメートには伝わりません。また、規定の時間が守れるかも課題になるでしょう。それではどうすればよいのでしょうか。じつは、第4章で述べた小論文やレポートを書く際の文章構成をしっかりする経験をここでも応用することが、とても大事になります。

ただ、発表はあくまでも小論文のように紙面だけで伝えるわけではなく、口頭で伝えることが原則ですから、たんに文章を読み上げるだけのスタイルにならないように注意すべきです。

あいさつ

「〇組の東京太郎です。これから『人口減少時代の対策』について発表を行います。どうぞよろしくお願いいたします」という具合で、発表を聞いてくれる人にあいさつとこれから話すタイトルを説明します。

序論

「私がこのテーマを選んだきっかけは……」という具合に、自分がテーマに関心をもった理由やその社会的な背景などを述べます。また、たとえば、「みなさんのおじいちゃん、おばちゃんはどちらにお住まいですか。最近は地方都市によっては若い世代がみんな都市部に移り、人口が極端《きょくたん》に減少し、高齢者《こうれい》だけの地域が少なくないようです……」というように、たんにテーマの説明から入るのではなく、聞いてくれている人にも「自分のこと」として興味をもってもらえるような問いかけをすることが大事です。

そして、小論文と同じく、自分がどのような点に問題意識をもったのか、そして、これからどのような点を中心に話を進めていこうとしているのか、「問題提起」をしてみます。発表する順序を大事な順に第一に、第二に……と順序立てて本の目次のように、これから発表する項目《こうもく》を紹介《しょうかい》することも大事です。

本論

本論の場合、序論で問題提起をした点について論を展開していく場面であることは、小論文と同じです。「まず、……」などと論を展開し始め、また、「具体的には……」というように具体例やエピソードを盛《も》り込《こ》むと、聞いている人にも情景がわきます。また、「これとは対照的に……」とか、「一方、」などと、これまで述べてきていたこととは対照的なことを述べると、本論の内容が切《き》り替《か》わることがわかります。「たしかに……ですが、」と小論文の展開の仕方を思い出してください。

そして、これらの論の「根拠《こんきょ》」となる「事実」や「データ」を示すことが大事です。たとえば、②で述べた高齢《こうれい》化がテーマであれば、「日本では四人に一人が六五歳《さい》以上である、超高齢《ちょうこうれい》社会になっています。平均寿命《じゅみょう》は男性がおおよそ八〇歳《さい》、女性は八六歳《さい》で、毎年記録を更新《こうしん》しています」などと数値を用いるとわかりやすくなります。

そして、いくつか事例を示したところで、結論に結びつけるために、結局あなたは何を重視して調べてきたのか、一度強調しておく必要があります。聞き手にも「この部分に的を絞《しぼ》って聞けばよいのだ」ということを示すことが大事です。「ここで重要なのは……」とか、「……であることを強調したいと思います」などというとわかりやすいです。

結論

結論を述べる際は、これまで示してきた事例や事実をもとに、結局何がいいたいのか、について強調することが大事です。そして、忘れてはならないのは、「序論」であなたが「問題提起」したことについて、わかりやすく説明し、「問題提起の答え」

になっていることが大事になります。メモをつくる際は、「序論」と「結論」の方向が同じであること、つまり、序論で出した問いかけについて、うまく結論でその答えをしていなければ、この発表はつじつまの合わないものになってしまうので、注意が必要です。

④ パワーポイントとハンドアウト(レジュメ)を作成してみる

小論文やレポートの場合は、あなたが書いたものを読者に読ませることが第一の目的になります。この「読み手」は課題を出した先生である場合が多く、「最終的にどのようなテーマで論じてほしいのか」を読み手の側が読む基準をもって読み始めている場合が少なくありません。これに対して発表の場合は、あなたが考えた発表内容を複数の「聞き手」に理解してもらう必要があるのと、あなたがどのようなテーマを選んで、どのように論を展開してこうとしているのか、あらかじめ理解していないことが多いのが特徴《とくちょう》です。

そこで重要になるのが、「聞き手」の人たちの助けになる資料をつくることです。忘れてはならないのは、発表の場合、主役はあくまでもあなたの口頭での発表内容であり、資料は「補足資料」ということになります。これは、最近ではプレゼンテーションをするためのパソコン用ソフト（たとえばパワーポイントなど）を使用して作成するスライド資料から、紙ベースで印字したものを配布するレジュメがあります。いずれにしても重要なのは、あなたが発表する内容を細かく記した発表メモの内容ほどは必要ではなく、あくまでも要点だけを示すことです。

まず、スライド資料を作成する際、発表時間にもよりますが、三分程度の内容でおよそ一～二枚程度のスライドを用意すると、聞いているほうも、あなたの発表内容とスライド内容を安心して見比べながら聞くことができます。スライド資料が多いと、聞いている側は、そちらばかりに気をとられてしまい、あなたの発表に耳を傾《かたむ》けにくいことと、また、スライド資料が少なすぎても、ポイントがどこにあるのかわかりにくいということがあるので、配慮《はいりょ》が必要になります。

これを前提にスライド資料をつくる場合は、遠くに座っている人でも見えるように、文字を大きく書くことが大事です。そして、あくまでも補足資料であることから、文章は箇条《かじょう》書きにするのがよいでしょう。

発表内容によっては図（グラフや表）を用いると見ている側にもわかりやすいです。ただし、この場合、レポートの項目《こうもく》でも強調したように、公的な機関の調査結果や別の研究者などの研究成果を参考にする場合は、スライド資料といえども「出典」を明記することを忘れないでください。

一方、レジュメ（印刷した紙ベースの資料）を配布する際はどのようなことに気をつけたらよいでしょうか。レジュメとはフランス語で「要約」という意味があります。英語では「ハンドアウト」ともいいます。ですから、発表する際に配るレジュメは最低で一枚から二、三枚程度に簡潔にいいたいことをまとめることが大事になります。「やる気を見せるために枚数を多く書こう」という発想をする人は、そもそも発表することが自体が目的になってしまっていることを忘れないようにすべきでしょう。

レジュメには、先生が指示した課題図書などを読んでその主張や要約を発表する場合と、自分の研究テーマに従ってまとめる場合と、大きく分けて二種類あります。前者のような場合は、先生が指示した本を出席者全員が読んでいることが前提となります。つまり、発表するあなたとその発表を聞く人は、もっている情報が重なっている部分が多いので、「読めばわかる」ことは、あまりくわしく述べなくて大丈夫《だいじょうぶ》です。

ただし、後者のような研究発表となると、「どうしてそのテーマを選んだのか」とか、「どんな前提で書かれているのか」について、聞いている人は情報をもっていません。ですから「初めて聞く人」でもわかるように配慮《はいりょ》しながらレジュメを作成することが求められます。ただし、忘れてはならないのは、後者の立場だったとしてもレジュメは簡潔に書くことが重要です。あくまでもあなた自身の口頭発表が中心であることを忘れないでください。

また、レジュメを配布する際は、出席者全員にいきわたるように、人数分用意することが重要です。印刷は自分でする場合とあらかじめ先生にメールなどで資料のデータを送っておくと、当日までにまとめて印刷しておいてくれる場合もあるので、先生の指示をよく守ってください。

さらに、スライド資料を用いる場合でもあらためてレジュメを配布したほうが、ていねいな発表の仕方となります。ただし、スライド資料の枠組《わくぐ》みそのものを並べて印字するだけでは、「スライドを見ればよい」という結果になりかねないので、あくまでもスライド資料を補足する意味で、レジュメはスライドを見ただけではわかりにくいかもしれないグラフや表を強調して作成するなど、スライド資料とレジュメの内容に差をつけることも大事になります。

5 声や目線に注意し、腹筋に力を入れながら発表する

クラスメートなど人前で発表する際は、内容が充実《じゅうじつ》していることも大事ですが、それ以上に、声の出し方や目線（どこを見て話すか）、身振《みぶ》りや手振《てぶ》りなども考える必

要があります。これらが総合的に整い、聞く人たちに関心をもってもらい、共感してもらい、また、いっしょに考えてもらうことができて初めて、その発表が成功したといえるのです。そのためには、用意した発表原稿《げんこう》をずっと見ながら、文章を「棒読み」するだけでは、伝えたいことが伝わらないだけでなく、聞いてくれている人の印象も悪くなります。次の三点に注意しながら発表してみましょう。

大きな声ではっきりと話す

声はできるだけ大きな声で、もちろん、無理に怒鳴《どな》るのではなく、友だちと会話するよりは一段大きな声で話します。マイクがないときは、人混みの中で一〇メートルから一五メートルほど離《はな》れている人にも聞こえるくらいが目標です。また、マイクをもったとしても、いつもとなりにいる友だちと話すときよりはいっそう大きな声で、複数の仲間の中で主張するときのような音量が必要になります。

そして、たんに声が大きければよいだけでなく、話す速度も大事になります。発表資料をつくることに専念して、せっかく他人に注目してもらえそうな工夫をしたにもかかわらず、早口で何をいっているのか聞きとりにくいのでは、発表が台無しになってしまいます。たとえば早くてもＮＨＫニュースのアナウンサーのレベルか、もう少しゆっくりめでもかまいません。あくまでも相手に聞きとってもらうことを忘れてはなりません。

そして、言葉の強さも、「普通《ふつう》に原稿《げんこう》を読めばいい部分」や、「少しゆっくり強調したほうがよい部分」などメリハリをもたせるとよいでしょう。とくに強調した点は大きな声でゆっくりと伝えると、相手も「ここが強調したいのだな」と理解してくれるはずです。

しかし、「自分は大きな声を出すのが苦手だ」とか「実際、大きな声が出にくい」という人もいるかもしれません。そういうとき、日本ではよく「腹に力を入れる」とか「おなかの底から声を出す」という言葉があるように、腹筋に意識を集中させ、力を入れながら話すと、ふだんよりは大きな声を出すことができるので、やってみましょう。

ときどき聞いてくれる人の目を順番に見る

人前で発表する際、自分が発表する原稿《げんこう》を見ているだけでなく、時折、教室など会場に集まっている人に目を合わせることが必要です。これを「アイコンタクト」とよんでいて、話している内容はあくまでも発表内容そのものですが、同時に「あなたにぜひわかってもらいたい」とメッセージを送る方法です。聞き手の側もかならずしもずっと発表者を見ているとはかぎりません。時折、あなたが配った資料やスクリーンに映し出されるスライドなどあちこちを見ているはずです。たまたま目が合った人にアイコンタクトをするのです。そういう意識をもって発表をすると、自分の内容がどれだけ聞き手に伝わっているかがわかります。万が一、聞き手がわかりにくそうな顔をしていれば、用意した内容よりもさらに具体的に話し直して発表の内容を修正しながら伝えることもできるはずです。これを見分けるためにもアイコンタクトはとても重要です。じつは、これはみなさんの教室で、授業をする際、先生がいつもやっていることです。先生たちは、このアイコンタクトをうまく使いながら、「この項目《こうもく》はもっとくわしく説明しよう」などと考えながら授業をしているのです。

身振《みぶ》り手振《てぶ》りはあまり大げさでない程度で

日本人はどちらかというと身振《みぶ》りや手振《てぶ》りをあまり使わないかもしれません。しかし、聞いている人に手元の資料よりも理解しやすいために「ぜひこの部分だけはスライドの表を見てほしい」などと考える場合、スライドを指差すなど、最低限の身振《みぶ》りや手振《てぶ》りは必要だと思います。たとえば、「手元の資料の『こちら』をごらんくださ い」などと自分の資料を聞き手の側に向けて、指を差すだけでも、聞き手をあなたの発表に集中させることができます。

もちろん、意味もなく手を振《ふ》り上《あ》げることは必要ありません。たとえば、人前に出ると髪《かみ》の毛《け》を触《さわ》るようなクセがある人は、聞き手に「頭に何かヒントがあるのだろうか」と勘《かん》ちがいさせてしまいますから、意味不明な態度は禁物です。一方、発表全体にメリハリをつける意味では、身振《みぶ》りや手振《てぶ》りは重要な手段になるのです。

６ 聞く人のエチケット

これまで発表する際の基本的な準備について、話を進めてきました。しかし、発表の場では「話し手」だけでなく、「聞き手」も積極的に参加してこそ成功となります。聞く側の人も、たんに静かに聞いていればよい、というものでは決してありません。「聞き手」も積極的な参加が必要になります。それでは「聞き手」はどのような点に注意すればよいでしょうか。

発表者とその内容に集中する

発表者がどのようなテーマで発表しようとしているのか、まずは、発表者の発表の中味をよく聞くことが大事になります。発表者の顔や目、スライドの内容や配られた資料などを適宜《てきぎ》、見ながら聞くようにします。

あいづちをうちながら聞く

聞き手がよそ見をしながら聞いていては、発表する側もやる気を失ってしまいます。「私はあなたの発表に興味をもっていますよ」という意味を込《こ》めて、内容がよくわかったときなどはあいづちをうったり、うなずいたりして、発表している人にメッセージを送るようにしましょう。

メモをとる

あらかじめ発表内容の資料が配られていたとしても、発表者側は発表内容すべてを紙面に記しているとはかぎりません。じっくり内容を聞きながら、自分なりに重要だと思うことを配付資料の余白やあらかじめ持参したノートなどにメモをとりながら聞きましょう。その際、もし、わからない点などがあったら、それもぜひメモにしておき、発表が終わってから質問できるようにしておきましょう。配付資料に線を引いたり、「○」印をつけたり、あるいは「?」印などをつけておくのも効果的です。

自分なりにチェックポイントをつくっておく

発表する側は別項《べっこう》で説明したように、原稿《げんこう》であれば「序論」や「本論」「結論」に分けて、さらに図や表などを用いて発表するはずです。聞いているあなたは、「序論」

できちんと問題提起がなされているか、その答えが「結論」で導き出されているか、などをチェックしながら聞くとよいでしょう。そして、「彼《かれ》（彼女《かのじょ》）のいいたいことは何なのか」をつねに意識しながら聞くと効果的です。どれが「事実」や「現象」で、どの話が具体例やエピソードなのか、また、主張は何かを頭の中で「色分け」しながら聞いていくのがポイントになります。前述したような疑問点も記しておくと、あとになってすぐに質問しやすくなります。

7 聞く人のよい質問とは

発表が終わるとたいていは「質問の時間」が設けられるのが普通《ふつう》です。一人ひとりのそれぞれの発表について質問の時間が設けられる場合と、すべての発表が終わってから質問の時間が設けられる場合といろいろありますが、進行にあたる司会者（教室では先生など）の段どりによるところが大きいと思われます。いずれにしても積極的に質問をすることを心がけてください。よく、質問をすると「相手（発表者）に失礼ではないか」とか「時間をとると申し訳ない」などと考え、あえて質問しない人がいます。これはまちがいです。質問とその受け答えをさかんにして議論を活発にすることこそ、発表会の目的ともいえます。「目立ちたくない」と考えたり、「とくに意見はありません」とか「まったく同じ意見です」などと消極的な姿勢をとったりしないようにしましょう。それではどのような質問の方法がよいのでしょうか。

不明な点を聞く

発表者の発表内容でわからなかったことを質問する。

〈例〉

「〜については……という理解でよろしいでしょうか」

「〜というのはどういうことを指しますか」

よりくわしい説明や具体例を求める

ある程度は理解できたが、いまひとつしっくりこない場合に質問する。

〈例〉

「～についてですが、具体的にはどのような点を指しますか」

「～の場合は……ということでしたが、△△についてはどのように理解すればよいでしょうか」

自分の意見を伝えて発表者の意見を聞き出す

〈例〉

「～について、私は……と思いますが、○○さんはどのようにお考えですか」

反論を出して発表者の意見を確認する

〈例〉
「～について……という考え方もあると思いますが、○○さんはどのようにお考えですか」

こうした質問は一回かぎりではなく、発表者が答えたことによりさらに疑問が出たら、その場で質問をして、さらに議論を深めていくことが重要です。議論は発表者の調べた内容をより具体化させたり、発表者の気づかなかった点を気づかせてあげたりする大事な作業です。場合によっては反論することも大事なことで、これはいい争いなどとはちがう次元のものです。「発表者に反論すると嫌われるのでは」「失礼では」などとは思わないことです。だからこそ前述したようなエチケットを守りながら質問することが大事なのです。

8 質問されたら発表者はどうするか

質問されるということは「あなたの調べた内容に興味をもち、さらに議論をして認識を深めましょう」という合図です。発表する人が気づかない点が指摘《してき》されたり、場合によっては「そこを指摘《してき》されると困る」というような質問がなされたりするかもしれません。決して感情的にならずに、冷静を保ちながら、現時点で答えられる部分について、誠意をもって答えましょう。

まずは、質問者があなたのどの部分に興味をもってくれたのかを意識し、質問の内容についてメモを取りながら、あいづちを交えつつ聞くことが大切です。また、わからない点は「次回までに調べ直してきます」とか「これからの課題として研究をつづけたいと思います」などとつけ加えて、わからなかった部分を答えられないまま残しておくわけではない意思を質問者に伝えておくとよいでしょう。

コラム⑤

「仲間はずれ」や「悪口」を見つけたら

最近はスマートフォンのアプリの一つとして、無料で通話やメールができるツールが増えています。チャット機能といって、複数の親しい友だちと意見を交換《こうかん》できるしくみです。瞬時に意見交換《こうかん》ができる長所がある一方、相手の顔が見えないだけでなく、ほんの一言、二言のやりとりなので、誤解が生じやすいという短所があるのも特徴《とくちょう》です。電話で声を聞きながら普通《ふつう》に会話をしているようにやりとりすることができるので、返事を打《う》ち込《こ》むのにも即《そく》座に対応しなければならず、場合によってはあなたとしては冗談やちょっとした冷やかしの言葉を入れたつもりでも、相手の人はこちらが想像する以上に怒りや不安を覚えたりすることがあります。ですから、少しくわしい説明が必要な大事な用件の場合は、無料通話アプリでのやりとりではなく、実際に電話をかけるなどして誤解を生まない工夫をするのが大事です。

もしも逆に、あなたが会話の仲間から悪口をいわれたり、仲間はずれにされたりしているように感じる文言に出会ったら、一人で悩まず、ひとまずそのサークルから抜けることも考えてみてください。そして後日、会話をしていた友だちに実際に会い、どのような意図や考えでいるのかを確かめることも必要です。万が一、実際に会ってみても、仲よく会話ができないような関係になっていたことがわかった場合は、受けもちの先生や保護者になるべく早い時期に経緯《けいい》を説明し、その後の対応策を大人といっしょに考えるようにしましょう。

おわりに

この本が企画され、執筆作業を開始した二〇一四年は、これまで「当然正しいことをしている」という立場の人にたいする不信感が強まった年であったといえます。一つは自然科学を研究しているトップレベルの研究者が集まる研究機関の研究員が「STAP細胞」が存在することを発表しましたが、じつはその研究成果がまったく信用できないものであることが発覚した問題です。そして、もう一つは、二〇一一年に発生した東日本大震災直後の原発事故に関して、現場で陣頭指揮をとっていた責任者に対する聞きとり調書に関連して一部の新聞社が、指揮をとっていた人の命令を多数の部下が従わなかった、と誤って報じた問題です。いずれも虚偽であったり誤報であることがわかり、それぞれの組織の代表者が謝罪したり、責任をとって辞任したりした問題は、みなさんのニュースなどで記憶に新しい点ではないかと思います。前者では、テレビや新聞で脚光を浴びたはずの女性研究者が一転、その論文の不正確さや誤りが指摘され、問題を起こした当事者としてメディアにとり上げられる存在になってしまいました。またあとの例では、有名新聞社の社長が謝罪会見を行い、同業の新聞社が批判報道を展開していた光景は、二〇一四年から二〇一五年に年が明けても、まだ見受けられます。

もちろん、実験の結果や報道の内容に間違いや意図的なつくり話は、決してあってはならないことです。新聞社の問題については、少しずつでもデータを集めて「事実」を把握したり、「事実」に迫る努力を積み重ねたりしければならないにもかかわらず、「まずはストーリーありき」の姿勢が批判されました。研究機関であっても、報道機関であっても「事実」をゆがめるような行為があっては社会的な非難を浴び、信用を失う結果になっても仕方がありません。いずれにせよ、両機関の信頼回復には相当の時間がかかるものと思われます。

ところでみなさんは、これらの問題について、どのように感じたり、考えたりしましたか。二つの問題を起こしたのは、プロの研究者であり、プロの新聞記者でした。考え方を変えれば、それだけ事実を追求する、調べあげることがどれだけむずかしいかがわかった社会問題といえるのではないか、と私は考えます。

そのような事件を受けて、私が教えている大学の中でも、一年生の入学時早々に、レポートの書き方を再確認したり、別の研究者が研究した結果を自分のレポートなどで引用したり参考にしたりする場合は、この本でもとり上げたようにかならず出典を明記しなければならないことを学生にたびたび注意を促している場面が見受けられました。実際、私が学習の基本動作を授業で説明する際も、レポートの書き方に加えて、参考文献や引用文献を正確に記しておくことを意識的に強調するようにしています。

しかし、この本を読み終えた、あるいは途中の人も含めて、勘違いしないでほしい点があります。それは、社会で起きている、（あるいはすでに起きた）事柄をくわしく調べたり、その結果を文章にしたり、人前で発表したりすることは、場数を踏んでいくと、とても有意義で楽しいものであることには間違いありません。また、文章を書いたり人前で発表したりすることは、学生生活を終えてその職業のプロとして社会に巣立っても、避けては通れないことです。みなさんの中には「文章を書くのが苦手だ」とか「人前で発表するとどうしても緊張してしまう」という人がいるかもしれません。じつはプロの記者をつづけて二〇年以上になる私も、文章を書いたり発表したりするのが、もともと得意なほうではありませんでした。ですから、みなさんが文章を書いたり、発表したりすることを苦痛に思うのではなく、この本をいつも勉強机の本棚やかばんに入れて読んでいただき、むしろ「やればやるほどおもしろい」と感じるくらいに考え方を少しずつ変化させてほしいと思いながら、この本を書きつづけました。

みなさんの中から「水泳や野球が得意だ」とか「バイオリンを弾くのが好きです」と考えるのと同じくらい、「文章を書くのが得意です」とか「人前で発表するのが好きです」といえる人が少しでも増えてくれることを願ってやみません。また、この本の中で説明したことは「これができればそれでおしまい」というレベルのものではありません。少しばかり得意になっても、「もっと上達する方法はないか」と歳を重ねるごとに自問自答したり、友だちのやり方を参考にしたりしながら、つねにスキルを磨いていってほしいと思います。そうした際に、この本の存在を思い出して、必要な項目を読み返してほしいと願っています。

この本の執筆を行う前には、みなさんが学校で使っている国語や社会の教科書を入手し、いろいろ読んでみました。調べものをしたり、新聞を題材に友だちと話し合ったりする機会は、私が子どものころよりはだいぶ増えているのに驚きました。みなさんが教科書の内容をもっと理解し、作業しやすくできる本はないだろうか。そうした考えのもとでこの本を書き始めました。

この本の企画から編集、出版の実現にあたっては、株式会社旬報社の取締役・企画編集部部長の田辺直正さんに絶大なるご協力をいただきました。ここに感謝申し上げます。

二〇一五年九月

大重史朗

大重史朗（おおしげ・ふみお）
1964年生まれ。早稲田大学卒業後、産経新聞、朝日新聞、「AERA」などで記者を続けた後、2007年に独立し、フリージャーナリストとして活動。現在は首都圏の大学や専門学校、予備校などで教鞭をとる。日本リメディアル教育学会、日本NIE学会、人材育成学会などの会員として教育、研究活動を続けている。立教大学大学院21世紀社会デザイン研究科修了(修士・社会デザイン学)。近著に『移民時代の日本のこれから――現代社会と多文化共生』（揺籃社）。

調べる・発表する
伝え方教室
2017年7月10日　初版第2刷発行

著　者――――大重史朗
装丁・組版――アジール・プロダクション
発行者――――木内洋育
発行所――――株式会社旬報社
〒162-0041　東京都新宿区早稲田鶴巻町544　中川ビル4F
電話（営業）03-5579-8973
http://www.junposha.com

印刷・製本――シナノ印刷株式会社

ISBN978-4-8451-1427-6